写真帖

追憶の仙台

消える街、変わる暮らし

写真・小野幹／文・日下信

無明舎出版

写真帖　追憶の仙台◉目次

昭和28年８月、七夕まつりの笹飾りが並ぶ新伝馬町（現・クリスロード）

昭和29年11月、七五三の参拝者でにぎわう櫻岡大神宮

昭和34年１月、早朝の仙台駅前・東五番丁（現・愛宕上杉通）

写真帖

追憶の仙台

三メートルから三十メートルへ
戦後、拡幅された細横丁

葉を落とした街路樹に登り、剪定《せんてい》作業をする男たち。その下に止められているのはダイハツの三輪車、ミゼットだろうか。建物を見れば、屋根にはうっすらと雪が残っている。

写真は細横丁（晩翠通）の北三番丁付近。小野幹さんに初めて見せてもらったときは撮影場所が分からなかった。その後、左から二軒目の建物わきの看板に見える「しらはぎ」という文字と、その奥のビルを手がかりに特定することができた。

古い住宅地図を見ると木町通小学校の向かい側に「しらはぎ料理学校」と書いてあった。同校は昭和三十一年、この北三番丁で発足、五十年代の半ば国分町に移転した。次に奥のビルについて国土交通省東北地方整備局に尋ねた。営繕の担当者に写真を見てもらうと「このビルは現庁舎と同一と思われる」との返事。

通りの西側で、平成九年まで多喜本という旅館を営んでいた伊勢ナヲさんに細横丁の思い出を聞いた。「うちがこの場所で旅館を始めたのは戦後間もなく。それから道路の拡幅工事があって七間《けん》の幅で土地を収用されたんです」。伊勢さんの親は戦前、東一番丁で待合をやっていたが、空襲で焼け出された。一時、伊勢堂（現在の東北福祉大付近）に疎開。その後、延焼を免れた細横丁で暮らすようになった。「通りの東側は焼けてしまったけど、西側は残ったのよ」。

終戦後間もない時期から街路樹や公園の植栽の維持・管理に携わってきた行方《なめかた》俊雄さんに写真を見てもらった。「歩道の街路樹はニセアカシアで、中央分離帯はイチョウだね」。青葉区役所で聞いた、現在の樹種と一致する。多分、この写真の街路樹が今日まで生育してきたのだろう。

行方さんは植木屋さんの親方で、この道六十年以上。若いころ青葉通で「こんなに広い道路、飛行機でも降りてくるんだろうか」と話しながらケヤキを植えたことがあるという。

気になるのは撮影時期だ。東北整備局の庁舎は、二十九年の竣工時は四階建てだったが、三十七年八月から四十年三月まで一部かさ上げする工事がなされ、五階建てになっている。写真は、この工事期間中のように思えるのだが…。

細横丁は、戦前は幅三メートルほどの通りだった。その名残は、今も北四番丁の北側で見ることができる。

中央分離帯のイチョウ並木は、周囲の建物に負けない大きさにまで生長した。

多くの酔客でにぎわった年末の東一番丁、文化横丁

大町と南町通の間の東一番丁がサンモール一番町と名を変え、終日、車両の通行が禁止されたのは、昭和六十三年の十一月だった。

写真は三十年代後半から四十年ごろ。厚手のコートを着てそぞろ歩く人々の頭上には「東一番丁」と「歳暮大売出し」のペナント。小さな車が抜け出てきたのは文化横丁で、その入り口には、スギかヒノキの葉で飾られたクリスマス仕様のアーチが設置されている。

今、私たちが文化横丁と呼ぶ東一番丁と南光院丁（東二番丁小西側）を結ぶ通りが整備されたのは戦後のこと。もともとの文化横丁は南町から東一番丁へ抜ける私道で、その角に文化キネマがあったことにより、そう呼ばれるようになった。

仙台の飲食街として戦後、最初に灯がともったのは仙台銀座で、その後、にぎわいの中心は文化横丁へ移ったと聞いたことがある。国分町が歓楽街になるずっと前のことだ。

「あのころは、クリスマスが近づくと通りのあちこちからパーン、パーンってクラッカーの音が響いて、たくさんの酔客がケーキの箱を手に歩いていたものですよ」と話すのは文化横丁の洋食店、アメリカングリルのオーナーシェフ鈴木伸治さんだ。確かに、写真に目を凝らせば、車の奥には大勢の人影。鈴木さんが話す昔日のにぎわいも納得できる

昭和二十四年生まれの鈴木さんが子どもだったころ、多くの店では、その二階に家族が暮らしていた。「どこの家にも子どもがいたんで、隣近所が自然に家族ぐるみの付き合いになってましたね」。夕方になると、年長の子がリーダーとなり、そろってボンボン会館の裏にあった銭湯に行くのが日課だったという。

もう一人、横丁の今昔を語ってくれたのは、入口にあるボタンの専門店、ムツミヤの越山秀男さんだ。「昔は酔っぱらいが騒いだり喧嘩があったり、年末年始は特ににぎやかだったけど、最近は静かになったね」。

文化横丁には今も約五十の飲食店が軒を連ねるが、その多くが代替わりしながら商売を続けてきた。「だから安心して飲めるんです」というのが、このまちで暮らしてきた越山さんの見立てだ。横丁全体を包み込む家族的な雰囲気も、その歴史が醸し出すものなのだろう。

個性ある飲食店が多い文化横丁。落ち着いた雰囲気は、もっと評価されてもいいと思うのだが…。

Merry Christmas
文化横丁名飲食店街
東一番丁
大売出
アクセサリ
ブルーリボン
アクセサリーの店
サッポロ

約四千人が暮らしていた
川内の追廻《おいまわし》住宅

棒切れを手に、あるいは腰に差し、満面の笑顔で駆けてくる少年たち。気分はチャンバラ映画の主人公なのだろうか。その後ろ、風呂敷包みを手に歩いてくるおさげ髪の女の子。ややうつむき加減なのは、荷物が重いせいか、それともお使いでも言いつけられたからなのか…。

そんな勝手な想像を膨らませたくなる写真は大橋の西側、川内の追廻住宅。撮影した小野幹さんは「昭和三十年ごろだったかな」と話す。両側に並ぶトタン屋根の家は、いずれも質素で、雨が降れば崩れそうな側溝には、路地と戸口を結ぶようにドブ板が渡してある。

追廻は、藩政期は馬場、明治の早い時期からは陸軍の射撃場や練兵場となる。戦後の昭和二十年十一月、住宅営団が戦災復興住宅の建設に着手。旧満州や台湾からの引き揚げ者、空襲の被災者を収容するためで、入居が始まったのは翌年の四月だった。

追廻住宅親和会の事務長を務める庄子忠雄さんは、二十二年の二月に入居した。まだ小学生だった庄子さんが家族とともに満州から引き揚げ、仙台駅にたどり着いたのは、二十一年の七月十日。半年ほど親類宅に身を寄せた後、抽選に当たり追廻住宅に引っ越した。

「四軒続きの棟割り長屋で、入ると土間、その隅に流し台、突き当たりが便所で、部屋は六畳と四畳半ぐらいだった」と振り返る。「畳はなく板の間にムシロ敷きだったかな」。当時、現在のテニスコート付近は駐留米軍の射撃場で、辺りには銃声が響いていたという。それでも家族水入らずで暮らせる安住の場所だった。

その後、GHQ（連合軍総司令部）から解散を命じられた住宅営団は、組織を精算するため、住民に建物を買い取らせ解散した。しかし一帯は既に仙台市が緑地化（後に公園に変更）を計画。住民がそれを知るのは、建物を買い取った後だった。

以来、追廻の住民は、いずれ公園になる国有地ということで、多くの行政サービスから取り残されてきた。やむなく自力で水道を引き、街灯を設置し、道路や側溝を整備することとなる。約六百戸、最大で四千人もが住んだ追廻住宅。その多くが移転し現在も暮らすのは七十戸ほどになった。「離れていった人のほとんどが、泣く泣くという気持ちだったのでは」と庄子さんは話す。

空き地が目立つ現在の追廻住宅。公園より住宅地として活用する方がベターに思えるのだが…。

昭和三十五年、青葉通のケヤキは二階屋ほどの高さだった

仙台駅から川内方向へ青葉通を進むと、細横丁を過ぎた辺りで道は緩やかに右カーブを描く。写真は昭和三十五年、仙台高等検察庁からの撮影だ。高い鉄塔をのせているのは東北電力ビル、「山一證券」の看板は芭蕉の辻にある新仙台ビルディングで、その右は藤崎。青葉通には自転車などと、一般の自動車を区分する左右二条の分離帯。真ん中を悠然と走るボンネットバス。歩道脇に植えられたケヤキは、いずれも電柱より細く、高さもまだ近所の二階屋ほどだ。

青葉通がほぼ完成したのは二十五年。しかし舗装されていたのは車道の中央部分のみで、強風のたびに砂塵が舞う「仙台砂漠」状態だった。

「私が市役所に入った二十六年ごろは一日も早く緑豊かな『杜の都』を復興しなければという気概が役所全体に満ちていました」と話してくれたのは八川《やかわ》透さんだ。市中心部が焼け野原となって数年、仙台市では当時の岡崎栄松市長のもと、他都市に先がけ緑化事業が推し進められた。

二十五年、台原の仙台営林署から購入したケヤキは、東三番丁と国分町の間に植えられた。その後、国分町と西公園の間に植えられたケヤキは、二十六年の末に埼玉県の安行《あんぎょう》（現・川口市）から取り寄せた直径十五センチほどの苗木だった。育ったのは二割程度で、しばらく手入れが必要だった。

生長に伴い道路と街路樹を管理する市役所には「店の看板やネオンが見えなくなった」とか「落ち葉の清掃が大変」といった苦情が寄せられる。「自宅にまで無言電話があった」と八川さんは話す。一方で新緑の美しさ、夏の木陰のすがすがしさなど、四季折々に表情を変える街路樹の魅力は徐々に市民に理解されていく。

「直径二十センチくらいかな、私が子どものころのケヤキは」と話すのは、細横丁交差点から少し西の和菓子店、光明《こうめい》堂の平公太郎さん。明治十四年創業の老舗《しにせ》でマスコミの取材を受ける機会も多い。「決まり文句のようにビルに埋もれる小さな店って紹介されるんです（笑）。でも父がこの場所に店を移した三十六年、辺りでは三階建てが珍しく、新聞社が取材に来たそうです」。広瀬川で花火大会がある日は「屋上で見物するため、隣近所から多くの人が集まりました」。当時、西公園まで視界を遮る建物はなかったという。

植樹後50数年、青葉通のケヤキはビル5、6階の高さにまで成長した。

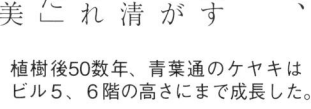

仙台の駅前に立地する商店街で変わったこと、変わらないもの

写真は昭和三十二年一月、名掛丁と青葉通の間の東五番丁。今なら、さくら野百貨店西側の愛宕上杉通が分かりやすいだろう。歩道にはやわらかな冬の日が降り注ぎ、男の子たちが遊ぶ。その脇には自転車がすき間なく止められている。

ここから少し北の東五番丁は、かつて日吉丁《ひよし》とよばれていた。付近の土地の大半を、国分町の日野屋と二日町の吉岡屋酒造店が所有していたからだ。今、名掛丁の角に建つ日吉ビルは、その名残なのだろうか。

「あそこは戦後の一時期、日吉マーケットという市場でした。竹でつくった質素な建物での戸板商売。みんな"竹のマーケット"って呼んでたね」と話すのは、名掛丁《なかけちょう》商店街（愛称・ハピナ名掛丁）振興組合の理事長を務める岩崎一夫《いちお》さんだ。

岩崎さんは名掛丁の角で、四十五年まで「岩崎」という呉服店を営んでいた。「呉服以外の衣料品も扱っていましたが、三十年代に一番売れたのは綿布ですね。岩切や高砂、七北田、遠いところでは亘理や槻木、それに石巻辺りの農家の方が主なお客さんでした」。そして「写真の奥に裏返しの『岩崎洋品部』という看板が見えますが、ここは別館のようなもの。主にストッキングや下着を扱っていましたが、スフやレーヨンといった化学繊維の服地もよく売れました」と振り返る。

岩崎呉服店は近江からやってきた岩崎さんの祖父が昭和の初めに創業。しかし、その店は空襲で焼失、戦後の二十三年に再開した。二十六年に建てられた二階建ての店舗は、長く仙台で暮らしてきた市民にとっては忘れられない店の一つだろう。

二月末から何度か付近を歩いてみると、ジャンジャン横丁は工事中で、政岡通り側からは入れなくなっていた。多くの飲食店が立ち並び、駅前の"名所"とも言えるこのジャンジャン横丁と名掛丁センター街の二本の横丁は、いずれも私有地だということを今回初めて知った。

岩崎さんはハピナ名掛丁という商店街の特徴を「幅広い業種の物販店がそろい、飲食店の種類も多い。新しい業種・業態の出店が早いが老舗も庶民的な横丁もある」とまとめてくれた。新旧さまざまなものを融合させる包容力は、駅前という場所に立地する商店街の伝統となっているのだろうか。

道幅は変わらないのに、狭く感じるのは、周囲の建物が高くなったからか。

昭和四十年代、樹海を切り開き
住宅地に変貌した八木山

キャタピラの跡を残しブルドーザーが動き回る宅地造成現場。少し下がった場所にはコンクリートブロックと数人の作業員。「鹿島建設」と書かれた看板の先は、既に工事が完了したのか、植栽が施されている。

　写真は昭和四十一年の八木山。私たちが今、八木山と考えるのは、竜ノ口渓谷を北端に南は緑ケ丘だろうか。どの辺りで撮影されたのか、手がかりは大年寺山のテレビ塔。四十年を経ても、この風景は変わらない。大年寺山方向が望める尾根筋で撮影ポイントを探すと、東北工業大学八木山キャンパスからの眺望が、ほぼ一致した。眼下に広がるのは桜木町、かつての「越路恵通苑」になる。

　八木山地区では三十年代後半から大規模な宅地開発が進められ、その後、仙台を代表する住宅団地となった。越路恵通苑も四十年から造成が始まっている。「住宅地になる前の八木山は一面の樹海でした」と話すのは、それ以前の姿を知る八川《やかわ》透さんだ。戦後間もない二十六年に仙台市役所に入った八川さんは、公園や街路樹の整備、緑地保全に携わってきた。「動物公園開設のずっと前から、八木山には何度登ったでしょう。向山の長徳寺前から自転車を押していくんです、帰りは楽ですから」。

　ある時期まで越路《こえじ》山と呼ばれていた一帯が、八木山と呼ばれるようになったのは、大正時代「紅久《べにきゅう》」の屋号で知られる豪商、八木家が仙台市民の健康を願い、山を買い受けてからだ。当時、不治の病と恐れられていた結核患者を少しでも減らすため、多くの市民が空気の澄んだ場所で過ごし、スポーツに汗を流すことができればと「八木山を市民の健康とレクリエーションの場とする」理想を掲げた。そして現在の動物公園付近に野球場や遊園地をつくり、そこに至る道路や橋までそっくり宮城県（後に仙台市）に寄付した。

　ひょっとしたら八木山は現在とは異なっていたかもしれないと思わせるエピソードを八川さんから聞いた。三十年代、仙台駅東の区画整理を進めていた仙台市は、三十三ある寺院の墓地の移転先を探していた。その際、八木山も有力な候補地だった。「寄付してくれた八木家の想いを考え、私は反対しました」。動物公園やベニーランドがある八木山は、今、休日には多くの家族連れでにぎわう。

住宅が張り付いた今、土地の起伏や道路の位置を確認するのは難しい。

島
建設

人口四十二万人のまちを
ゆっくりと市電が走っていた

仙台市電が廃止されたのは昭和五十一年の三月三十一日だった。既に三十年以上が経過し、まちの中を走るその姿を記憶しているのは、おおむね四十歳以上だろうか。

写真は三十五年の仙台駅前。連なるように運行される市電、そして多くの乗客。朝方なのか夕刻なのか判然としないが、いずれにしても通勤通学の時間帯のようだ。この年、国勢調査があり仙台市の人口は約四十二万人だった。

駅前の広場にはタクシーが円を描いて客を待っている。その数は二十数台。市電の混み具合とは対照的だ。

戦後の仙台市電の経営は、三十二年度までは黒字を続け、当時、赤字だったバス事業をカバーしてきた。しかし三十三年度以降は赤字に転落、その後、黒字になることはなかった。

市電停留所の向こう側、黒っぽい和風の二階建ては宮城ホテル。現在、青葉通の角に建つビル、ヒューモスファイヴ（旧宮城ビル）を運営する会社の前身になる。四十年代、東一番丁にほど近い場所にあった有楽会館は、同社の経営だった。

ホテルの左側「フルヤのキャラメル」「ハリスガム」という看板を掲げているのは菓子問屋のマルカン本店。「この建物は二十五年の十一月に建てられたものです。三階建てでしたが、当時は珍しいエレベーターがあったんです」と教えてくれたのは、ここで働いていたSさんだ。彼が入社したのは二十七年。「あのころは私を含め若い社員の多くが住み込みでした。屋上に付け足したような建物が見えますが、十二畳ぐらいの部屋が二つあって、多いときは十人ほどの社員が暮らしていました」と話す。

南町通を挟んで建つのはマルエスストアー。麻雀、パチンコ、お土産、楽器、寿司などの看板が並ぶ。「めしという看板が見えますが、ここの一番人気は焼きそば。とてもおいしかった」とSさんは懐かしむ。「この店は、今、仙台市内に何店かある大衆食堂『叶や』の最初の店。従業員に暖簾《のれん》分けし、同じ屋号の店を徐々に増やしたと聞いています」。

宮城ホテルやマルカン本店があった一画に再開発ビルが完成したのは五十七年。アムス西武が核店舗として平成十五年まで営業、その後、仙台ロフトが入る。マルエスストアーがあった場所はバスプールとなった。

昭和五十六年に完成したペデストリアンデッキは、仙台駅前の風景を一変させた。

パンビタン
フルヤのミルクキャラメル
マルカン
高級果実
手荷物
自轉車
パチンコ
メトロ
おみやげ店
カメラ

昼夜それぞれに活気があった
仙台「駅裏」の東七番丁

少し強めの地震でもきたら、たちまち傾きそうな建物に、不釣り合いなほど大きな看板。力強く「ホルモン」と書かれた提灯は、夕暮れ間近なのか、明かりがともされている。

写真は昭和五十四年七月、仙台駅東側の東七番丁。渋滞する車列の先は仙石線の踏切で、電車が通るたび警報音がカンカンと鳴り響いていた。

藩政期初めに割り出され、侍と足軽の町として明治維新を迎えた東七番丁。大きな転機が訪れたのは明治十九年、翌年に開業予定の仙台駅の場所が現在地に決定した。

『仙台駅百年史』に加藤治郎氏は「鉄道敷設《ふせつ》により南町通、柳町通は切断され（中略）以来、駅東一帯は裏町化した」と書いている。実際、仙台で生まれ育った市民の多くが、この地域を「駅裏」と呼んできた。

写真の場所から少し離れたパルシティ仙台の南側で、同じ「満腹屋」という看板の飲食店を見つけた。店にいた女性に写真を見てもらった。「あら、懐かしいわね。あの場所に店を開いたのは三十六年。そのころは夕方の五時を過ぎると、国鉄の人がたくさん飲みに来てくれた」と話してくれた。仕事を終えた鉄道マンたちが、一日の疲れを癒やしに立ち寄ったのだろう。

写真が撮影される前年、宮城県沖地震があった。「一升瓶とかお皿とか、だいぶ割れたけど建物は何とか大丈夫」。その後、時代が昭和から平成に変わるころ現在の場所に移転した。

戦災を免れた東七番丁一帯は、木造の低い家並みが続いていた。四十八年から始まった土地区画整理事業で道路は広がり、オフィスビルやマンション、予備校などが建ち並ぶようになった。大型店は多くの客でにぎわい、宮城野通の通行人も増加しているように思える。しかし少しはずれると閑散とした印象はぬぐえない。

かつて「満腹屋」があった場所も、八階建てのオフィスビルになった。近所で働く女性は「夜は人通りが少ない」と話す。区画整理前を知る米屋さんは「昔は子どもがいっぱいで、いつもにぎやか。それに食堂とか飲み屋さんもたくさんあった」と懐かしむ。昼夜それぞれの活気があったということだろう。東口広場の向かい側では、旧仙台市農協会館の解体工事が始まっていた。五十五年に建てられたビルが、三十年足らずで、その使命を終えようとしている。

「満腹屋」があった付近は道路が拡幅され新しいビルが建つ。しかし、平日の日中でも閑散としている。

秋田の酒
高清水
満腹屋
ホルモン料理
柴原耳鼻咽喉科

雨のため「オジャン」になった昭和二十八年の七夕まつり

「竹に雀」をあしらったゲートに書かれたとおり、ここは東一番丁、定禅寺通との交差点。左奥「中元」の看板を出しているのは三越仙台店。

写真は昭和二十八年の八月。七夕まつりの期間中にもかかわらず、吊されたくす玉は少なく、吹き流しもほとんど見えない。雨模様の夕暮れということで、ほとんどの飾りは、しまわれてしまったのだろうか。

「うちはこの右手前だから、写っているのは隣からですね」と笑いながら話してくれたのは、東一番丁の西側最北にある梅原鏡店のご主人、梅原衛《まもる》さんだ。同店は明治四十四年、森徳横丁に近い場所で創業し、昭和五年、現在地に移転。そのころは北隣にもう一軒店があったが、戦後、定禅寺通が拡幅され角地になった。

ちょうど店の片隅に七夕飾りの材料が置いてあったので、制作期間や方法を尋ねた。「二カ月ぐらいですかね」という答え。「まず全体の大まかな構成を考え、次にくす玉や吹き流しのデザイン、そのあと細かい部分」となるそうだ。毎年、飾られる折り鶴は約二千五百羽で、制作には離れて暮らす親族も、宅配便を使って協力する。吹き流しは白い和紙を、自分で染め上げる。それだけでもかなりの手間だが、「くす玉に付ける花、今は針金で留めるでしょう。昔は糸だったから、とても楽になったんですよ」と事もなげだ。

こんな事もあったと奥さん。「観光客の方に作り方を説明してあげたら、翌年、あのときはありがとうって、お土産を持ってこられた方がいらっしゃいました」。

家族や従業員だけで七夕作りをする店は少なくなったと聞く。そんな中、和紙を材料に家族が力を合わせて作る梅原鏡店の七夕飾りが、毎年、高い評価を得ているのは当然だろう。さらには観光客との懸け橋ともなる。このまつりの意義はそんなところにあるのかもしれない。

「仙台七夕に雨はつきもの」と言われるようになったのは一体いつごろからだろう。気象月表原簿によれば、この二十八年の初日、八月五日は午前中が霧雨で午後から曇り。六日は朝から雨で、夕方から曇り。最終日の七日は終日小雨だった。そこには当時の担当職員による「仙台名物の七夕も雨のためオジャン」というコメントが書かれていた。

最初にアーケードがかけられたのは昭和29年。
現在のものは57年に完成した３代目になる。

東一番丁
七夕まつり

五分ごとに出る臨時バスで、七ヶ浜町の菖蒲田《しょうぶた》海水浴場へ

小学校時代の夏休み、ほとんどの人が宿題の「絵日記」を重荷と感じていたはずだ。絵にしやすい出来事など多くはない。まずラジオ体操で始まり、あとは定番の七夕や花火大会に盆踊り、そして海水浴だろう。

写真は昭和三十七年八月、七ヶ浜町の菖蒲田海水浴場。広い波打ち際が、押しかけた人々で埋め尽くされている。あのころ、こんなお手本が一枚あったら、楽だったのにと思う。

それにしても、すごい人出だ。この年、七月三十日の河北新報にこんな記事が載っていた。「前日の日曜日、仙台の最高気温は三十四・九度。菖蒲田海岸は七万余の人出でごった返した」。同時期の仙台市政だよりには、菖蒲田海水浴場行の臨時バスについて「日曜は約五分ごと、平日は約二十分ごとに広瀬通元寺小路角から発車」という案内も見られる。遠浅の浜で波と戯れる人の多くが、仙台市民だったに違いない。

「昔は砂浜が見えないほど海水浴客が来たんです。この写真のようにね」と話すのは菖蒲田浜観光協会の会長、渡辺英次さん。同協会に海水浴客数のデータが残っているのは五十六年からで、その年の七十万人をピークに減少してきた。平成十二年の十六万人を最後に、十万人を超えた年はない。

仙台市では三十五年から菖蒲田海岸近くに「海の家」を開設していた。「それは砂浜じゃなく、海岸に近い民家の一部を借り上げ、休憩所にしていたようですね」。海水浴シーズン中、海岸付近の多くのお宅が企業や団体と契約、海の家を営んでいた。宿泊を受け入れる家もあり、周辺は夜もにぎわっていたという。

今年も菖蒲田の砂浜には六軒の海の家が並ぶ。一番古くから営業を続けているのは「よこはま」という店と聞き、訪ねた。四十年代半ばから商売を始めた岩本さんは、客の減少に加え、もう一つの大きな変化は「波に浸食され砂浜がとても狭くなった」と話す。「少し沖に大きな岩が見えますが、昔は陸続き。あの前で盆踊りをしたこともありました」。原因は仙台新港の防波堤と推測する。「沖合いに消波ブロックを設置してから、だいぶ回復したましたが」。そして「白い砂浜と緑の松林、入道雲がわきカモメが飛んで…今も絵日記を書くには最高の場所ですよ」と続けた。

七月中でも天気が悪いと、菖蒲田浜は少し寂しい。でも「白砂青松」は変わらない。

仙台初のエレベーターがあった
カルトン食堂は戦後、東北電力に

懸垂幕やビラに書かれた勇ましいスローガン、そして多くの労働組合の旗。建物の入口付近には鉢巻きを締めた大勢の組合員らしき姿が見える。一体ここはどこなのか。撮影した小野幹さんは場所も時期も、まるで記憶がないという。

労働運動に詳しい知人は「星と稲妻のような模様に『電産』と書かれた旗からたどれるのでは」というヒントをくれた。調べると、電産は昭和二十二年五月、電力会社十社の従業員で結成された、日本電気産業労働組合の略称だった。

二十六年五月、日本発送電の東北支店と東北配電から設備などを引き継ぎ、東北電力が設立される。同社の社史には設立一カ月後の本店の写真が掲載されていた。角度は異なるが、この写真の建物と酷似している。驚いたのは隣が大町の老舗時計店、三原本店だったことだ。この場所は現在のマーブルロードおおまち商店街になるのだろうか。

五十九年発行のおおまち商店街記念誌の「カルトン食堂」という項目には「大正十四年建築、一階は写真機、同材料を販売するとともに宴会場を持ち和・洋料理店と喫茶店を兼ねた。鉄筋コンクリート造三階一部四階建てで、エレベーターを設置。戦災にあい復旧後、東北配電本社として、東二番丁の電力ビル竣工まで使用され、のち藤崎事務棟となる」と書かれている。

三原本店を訪ね、社長の三原喜八郎さんに写真を見ていただいた。「これはカルトンで間違いありません」と力強い返事。そして図を書きながら「写真では見えませんが、向かって左側に組合の事務所があり、それも含めて藤崎さんの事務所になったんです」と説明してくれた。その後、三原本店は藤崎と土地を交換、四十三年に現在の店舗を建てた。「ですから今の藤崎さんの一番東側がカルトン食堂があった場所になります」。

「カルトンはハイカラな洋食屋さんでビリヤード場もあった」と三原さん。仙台で最初にエレベーターが設置されたこの建物は、四十年ごろまで現役だったことになる。もう一つ気になるのは撮影時期。ある資料には三十年八月二十三日「電産東北、本店前で座り込みを始める」とあった。この記録と写真をダイレクトに結びつける根拠はないが、そう遠くない時期のように思える。

カルトンがあったのは三原本店の右側、藤崎デパートのショーウインドー辺りになる。

團結の力
首切りの合理化
全駐労

数千人の参拝者でにぎわった櫻岡大神宮の七五三

千歳飴を持つ子どもたちの手を引き、境内から出てくる和服姿の女性たち。待ち構えるように「寫眞師會」の腕章をした男性が立ち、左側の女性は見本を広げている。写真は昭和三十年前後、西公園にある櫻岡大神宮の七五三の風景。おそらくどこかの写真館が出張撮影に出向いてきていたのだろう。

「昔は十四・十五の二日間にお参りする方が集中して、すごい人出でした」と話すのは櫻岡大神宮の宮司、坂本壽郎《じゅろう》さん。「ピークは三十年代半ばから四十年ごろでしょうか。子どもの数だけで二千五百から三千人、それに親御さんですから、境内はごった返しました」。子どもたちはお祓《はら》いの順番を待ちきれなくなり、中には「早くしてください」と声を上げる親もいる。失礼と思いながら、祝詞《のりと》を急いだこともあった。

　そんな人出を写真館が見逃すはずはない。「一番多いときで十軒ほどきてましたね」。テントの仮設スタジオを設営した時期もあったという。

　それにしても目に付くのは母親らしき女性ばかり。「あのころは平日お父さんが会社を休むのは難しく、お母さんが一人で連れてこられたんでしょうね」。今ならビデオカメラやデジカメを手にした父親が一緒なのだろうが…。

　一般家庭にカメラが普及するのは、一枚のフィルムで二枚撮れるハーフサイズカメラ「オリンパスペン」が発売された三十四年以降になる。父親が記念撮影のカメラマンを務めることは、まだ少なかったのだろう。

　写真を見ながら「この時代だと私は小学生かな」と話すのは宮城県営業写真家協会の会長、皆川由吾さん。「写真の仕事に就いて四十年近くなります。昔の七五三の撮影は、十一月十五日前後の休日に集中してましたが、最近は九月という方もいて、かなり長期にわたるようになりました」。そして平日に訪れる客が増え、祖父母同伴も多いという。同様のことは坂本さんからも伺った。本来の日にちへのこだわりが薄れ、七五三のお宮参りは長期化の傾向にある。

　ところで、子どもの手を引く女性たちは母親なのか。和服姿ということもあってか、最近の若い母親たちと同年代には見えない。祖母といってもさほど違和感はない。約半世紀という時間は、日本人の外見をも大きく変えたのだろうか。

伊達政宗はじめ仙台藩の歴代藩主が崇敬した。現在の社殿は大正15年築。

昭和三十七年、市電の終点だった
原町の坂下交差点

仙台に住み車を運転する人で、国道四十五号の「坂下交差点」を知らない人は少ないだろう。仙石線の地下化で緩和されたが、今も市内屈指の渋滞箇所であることは変わらない。

写真は昭和三十七年、雨が降る坂下交差点。左に曲がれば幸町、直進すれば苦竹、右は銀杏町方面になる。交通量はさほどでもなく、信号機も設置されていないように思える。それでも貨物線鉄橋に書かれた交通安全標語は「譲る心」を強調している。

道路中央の「原町駅前」という標識は仙台市電停留所のものだ。市電がここまで単線で開通したのは二十三年。その後、進駐軍の要請と第七回国体の主会場になる宮城野原への輸送力増強のため、二十七年に複線化された。現在の国道四十五号も、その工事に伴い整備されたと聞く。

「市電が通る前は今の原町本通りが仙台と塩釜を結ぶ街道で、うちも戦前はそっちに店を構えてました」と話すのは原町一丁目の老舗《しにせ》畳屋さんの十七代目、堀籠春一さん。

国道四十五号を花京院方向から車で来ると、第四合同庁舎の辺りから左に入るのが原町本通り。藩政期は西側が南目村で東が苦竹村。明治・大正期は宮城郡原町となり、昭和三年に仙台市と合併した。「榴岡の釈迦堂前から坂下まで、馬車がやっとすれ違えるぐらいの細い道があり、南裏《みなみうら》と呼んでました」。それが今の国道になる。

「子どものころ、原町から市電に乗り花京院で乗り替えれば、北仙台や八幡町、長町までも行けました。しかも電車賃は二十円とかの均一。とても便利でした」と振り返るのは、交差点近くで印章店を営む庄子喜隆さん。店の一画には市電の写真やグッズが展示され、ミニギャラリーになっている。

近くには宮城野区役所が建ち、JR仙石線の陸前原ノ町駅も建て替えられた。交通量は多いが、周囲にはシャッターを下ろしたままの店が目立つ。「この辺りで昔から商売を続けているのは、うちと近所のクリーニング屋さんぐらいですかね」。

庄子さんの写真集『杜の都の路面電車』は「次は終点、原町。忘れ物のないようにお降り下さい」という車掌さんの言葉で結ばれている。市電が姿を消して三十数年。仙台のまちは、何か大きな忘れ物をしてきたのではないだろうか。

歩道橋が設置されたのは昭和47年ごろ。最初はL字型だったが、2年後に増設されコの字型に。

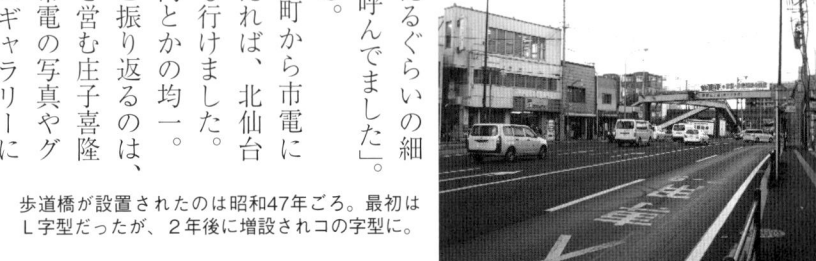

原町駅前
丸善石油
譲り合う心
お互に譲る心が身を守る

閑静な住宅街、光禅寺通と北一番丁の昭和の思い出

「これ浜田さんちの二階から撮ったんだけど」と小野幹さんが見せてくれた今回の写真。浜田さんとは仙台生まれの小説家で光禅寺通に住んでいた浜田隼雄《はやお》氏。戦前から戦後、同人誌などに多くの小説を発表してきた。仙台市博物館の元館長、濱田直嗣さんのご父君でもある。

　撮影は昭和三十九年一月初め。日差しを受け白っぽく見えるのは光禅寺通。手前が北で、マージャン牌の看板を掲げた建物の角は北一番丁。屋根から突き出た煙突は、家庭の燃料がまだ亜炭、薪《まき》から石油やガスに移行し切れない時代を物語る。

　気になるのは法被《はっぴ》姿の男たち。かつて仙台でも、正月になると家々を回り獅子舞を披露する人たちがいた。そんな門付《かどづけ》芸人なのだろうか。

「昔は光禅寺のお祭りは、とてもにぎやかでした。相撲大会やのど自慢もあって」と話すのは、すぐ近くで戦前から暮らしてきた留守《るす》惇子《あつこ》さん。「終戦直後は簡易保険局（現・かんぽ生命仙台サービスセンター）に進駐軍がいましたから、アメリカ兵のケンカ騒ぎとか、少し物騒な時期もありました」と、まちの思い出を話してくれた。しかし、このような芸人たちが来た記憶はないという。

「町内のことなら私より詳しいはず」と留守さんが紹介してくれたのは斜め向かいの山田《やまだ》郷彦《さとひこ》さん。山田さんは最近まで雑貨屋を営む傍ら、町内会長を務めてきた。「一月の初めですね。だったら、これは消防団の人たちです。出初め式前に町内を回って寄付を集めていたんです」。疑問は解けた。

　山田さんの住まいは、今では珍しい四軒長屋。「大正十三年に建てられたんです。私が十二年生まれだから私より一歳若い」と笑う。宮城県沖地震の際も大きな被害はなかった。「この一棟で、一番多いときには二十人が暮らしていました」。

　町名の起源となった光禅寺は北二番丁にある。かつてにぎわった祭りの様子を伺うと「昭和の二十五年ごろからでしたね。私たち地域の青年会が一生懸命でした」。しかし「お寺のためになぜ」という反対の声が高まり、やがて下火になっていく。「お寺のためじゃなかったんですけど、分かってもらえなくて…」。

　暮らしてきた人たちの足跡と記憶。仙台は、それを語り継ぎ、大切にするまちであってほしい。

山田さん宅がある光禅寺通と北一番丁角は、元禄２年、仙台に来た松尾芭蕉が訪れたという。

魚木戸
ハムソーセージ
冷凍食品

広大な操車場や機関区がある
長町は「国鉄のまち」だった

大きな土地の面積を分かりやすく伝えるため「東京ドーム○個分」という言い方がある。JR長町駅の東側で進められている「あすと長町土地区画整理事業」の対象地域は東京ドーム十七・五個分だという。

写真は鉄道での貨物輸送が盛んだった昭和三十年前後、北側上空から撮影した国鉄の長町操車場付近。幾条もの線路には長い貨物列車や煙を吐く蒸気機関車。手前に白っぽく見えるのが長町駅のホームだろうか。

長町駅の開業は明治二十九年二月。それ以前の二十七年八月、日清戦争が始まると、仙台に駐屯する第二師団の将兵や軍馬などの輸送が課題となった。そのため長町に臨時の停車場を設けたが、十一月初めの輸送終了後、仮駅舎などは取り壊されたという。地域住民の要望に応え、この停車場跡に長町駅が設置されたのは、一年以上経過してからだった。

右手の広い道路は当時の国道四号。鉄道と並走した後、東側へ弧を描き線路を越える。この跨《こ》線橋が完成したのは昭和二十九年十二月。それまで、ここには「諏訪の踏切」があり、列車が通過するたび、線路の両側に長蛇の列ができたという。跨線橋の北側には「こけし塔」が立っていたが、太子堂駅が新設される前に撤去されたと聞く。

「この十数年、長町にとって最大の変化は多くの事業所と共に、そこで働く人たちがいなくなったこと」と話すのは長町商店街連合会の会長を務める渡辺征夫《ゆきお》さん。「長町駅や操車場、機関区など国鉄で働いていた人は二千人以上といわれ、長町は『国鉄のまち』でもあったんです」。

東北特殊鋼や東北金属、北日本電線、東北ゴムなどの工場もあり、勤務する人の多くは長町周辺で暮らしていた。また東北大学病院長町分院や宮城第二病院には、多数の患者や見舞客も訪れた。「かつては長町駅からこけし塔の手前まで道の両側に魚屋や八百屋など、たくさんの店が並んでました」。

長町の商店街の人たちは、広瀬川での流灯花火大会はじめ、さまざまなイベントを展開してきた。この数年は広範なまちづくりの視点で、活動の幅を広げている。あすと長町事業の進展で、明治二十年の鉄道開通から続く、長町の東西分断が解消される。それが長町の元気を取り戻すきっかけになるかもしれないからだ。

新幹線高架の隣に新設された長町駅。かつて操車場などがあった一帯は更地になっている。

市電の停留所「大学病院前」に丸金《まるきん》というスーパーがあった

　東北大学病院の前身、県立宮城病院が現在地に移転、新築されたのは明治四十四年。今は国道四十八号となった病院前の道幅は、そのころ四〜五メートルで南側は鬱蒼とした屋敷林が連なっていたという。

　写真は昭和四十年の前後、まだ市電が走っていた大学病院前。左へ行けば市役所前や西公園、右は八幡町方向になる。線路の向こう側「お徳なお買物で明るい御家庭」という看板を掲げている三階建てはスーパーマーケットの「丸金」だ。

　この店舗が完成したのは三十七年。当時の新聞広告を見ると地下は食料品、一階は化粧品やバッグなど、二階は家庭雑貨や玩具売場となっている。地元の老舗《しにせ》を揃えた名店街や軽食を提供するパーラーなどもあり、規模こそ小さいが、デパートと同じような売場構成になっていた。

「魚金《うおきん》という魚屋や飲食店をやっていた祖父が、戦後間もなく丸金を始めたと聞いています」と話すのは、跡地でオフィスビルの賃貸をする永澤由美子さん。「受け継いだ父も昨年亡くなりまして…あまり詳しいことは聞いていないんです」。永澤さんは、ご父君の友人に往時を問い合わせてくれた。その方の記憶では、二十年代の半ばには、食料品から雑貨まで揃えた現在のスーパーのような店になっていたという。

「普段の買い物は木町通の商店街でしたけど時々は丸金にも行ってましたね。この辺りではただ一軒のスーパーでしたから」と懐かしむのは大学病院近くの北二番丁に住む小関さん。「丸金でお菓子とか買ってもらうのはとても楽しみでした」と振り返るのは息子さん。そして「最後は、庄子デンキが二階に入っていたのでは」と記憶をたどってくれた。

「エンドー」宮町店の開店は三十七年。丸光デパートの姉妹店「トーコー」が仙台駅前の第一ビルを足掛かりにチェーン店を増やしはじめたのも三十年代末から。そのほか「まるしん」や「相原」など…。仙台市民がスーパーマーケットという言葉、セルフサービスという業態になじみ始めたのはこのころだった。その後、中央の大手スーパーの進出やモータリゼーションの進展などで商業環境は激変。昭和の最後のころ、丸金は閉店し、跡地は平成五年にオフィスビルに生まれ変わっている。

スーパー丸金は、6階建てのオフィスビルになった。左隣の果物屋さんは今も商売を続けている。

U FRUITS CO
お徳なお買物で 明るい御家
大学病院前
BAKERY

東一番丁と背中合わせの仙台市立病院と派出所

やや古びた大きなビルはかつての仙台市立病院で、「POLICE BOX」と書かれた建物は東一番丁派出所。乗用車が走るのは、東二番丁と東一番丁を結ぶ森徳横丁だ。この道は目印となる建物が変わるたび裁判所横丁や憲兵隊横丁など呼び名が変わってきた。

「市立病院は空襲で一部が焼けてるんですよ」と感慨深げに話すのは、森徳横丁から近い一番町四丁目で刃物店を営む加藤義靖さん。加藤さんも小学校一年で空襲に遭い、昭和二十二年、焼け跡が広がる東一番丁に戻った。「料亭の焼け跡には築山のある庭が残ってたり、ビルの廃虚があったり、子どもだった私には遊ぶ場所がたくさんありました」。そして「東一番丁には露天商がいっぱいいて面白かったですね。二十年代までだったかな」と続ける。加藤さんの思い出は、焼け跡ならではの活気あふれる東一番丁界隈へと広がる。

「市立病院の西の端に霊安室があって、子どもたちは死体置き場って呼んでたんだ。その裏に屋台が出て、親父がよく飲みに行ってたな」と振り返るのは三越南側の印章店、錦章堂の佐藤耕敏《たかとし》さん。「この交番ここに建てられる前はうちの隣にあったんですよ」。二十九年、東一番丁の拡幅工事で移転したという。

「私が勤務していたころは、この自転車置き場はなかったですね」と話すのは仙台中央警察署副署長の菊地幸典さん。「警察官になり最初に配属されたのがこの東一番丁派出所です」。五十年三月から二年間の勤務だった。本来は所属する十五人が五人ずつ三交替なのだが、夜の間は常時五人の応援要員がおり、年末年始には応援が増え、総勢三十人近くまでふくれ上がることもあったという。

「夜八時を過ぎるころから、だんだん忙しくなるんです。まず飲食店の場所を訪ねる方。それからさまざまなトラブルの現場に駆け付けたりパトロールもしなければなりません。明け方近い時間帯になると酔っぱらいの保護という仕事もありますし(笑)」。まちの騒々しさが一段落し、派出所が落ち着きを取り戻すのは朝の三~四時ごろになったという。

この派出所は五十三年、国分町の元鍛冶丁公園隣に移転。その後、機能が強化され、東北では異例の約四十人が勤務する大型交番となった。

市立病院の跡には21階建ての「第一生命タワービルディング」が建つ。

POLICE BOX
12
STOP
皮膚科
泌尿科
薄場外科

戦後の数十年、多くの思い出を残した仙台駅前の丸光デパート

昭和四十年代半ばまで仙台駅前での待ち合わせに使われたのは大時計下だった。写真は仙台駅二階の食堂から撮影した駅前広場。撮影時期を推測する手がかりは広場の北側、公園のようになっている一画だ。ここは戦後、進駐軍に接収され、二十七年半ばまでRTO（鉄道司令部）が置かれていた。三十五年には九階建ての第一ビルが完成しているから、撮影は二十八～三十三年だろう。

写真の左端は「現金卸問屋丹六」の看板があるから青葉通の交差点。一軒置いた白っぽい三階建ての正面に「MARUMITU」と書かれている。丸光デパートだ。

「私が丸光に入ったのは三十二年です」と話すのは第一ビルの相談役、菊田尚一《なおいち》さんだ。「最初は庶務で、その後、社長秘書をしていました」。社長とは戦後間もない二十一年、丸光を創業した佐々木光男氏だ。最初に佐々木が構えたのは木造平屋五十坪の雑貨店。二十五年には木造モルタル三階建ての店舗が完成する。写真の建物が数年を経たその店だ。二十八年には青葉通側に鉄筋コンクリート三階建ての店舗を増築する。

しかし三十一年五月、八階建てへの増築工事中に出火。当時の新聞に「損害額は一億二千万円」とある。驚くのはここからだ。焼け残った商品での大売り出しで客を集め、けが人が出るほど混雑したという。三週間後、現在パルコがある辺りに「別館」と称する臨時店舗をつくり誕生セールをする。

「次々に新しいことに挑戦するバイタリティがありユニークな人」と菊田さん。スーパーマーケットという新分野にも着目、三十二年「丸光食品センター」を創立。後にトーコーと改称し第一ビル店や長町店、鶴ケ谷店など店舗網を拡大する。一方では戦災復興区画整理事業に協力、前述の第一ビル建設を担う。しかし四十二年、六十二歳で亡くなった。

忘れがたいのは二十八年から約三十年続いたミュージックサイレン。午前十時と正午、午後三時と五時の「荒城の月」そして夜九時の「この道」は、仙台の昭和を代表する「音の風景」だ。その後、丸光は数度の増築を経て五十年代には売り場面積が東北最大となる。しかし昭和が終わるころダックシティ丸光に、さらに仙台ビブレと変わり、平成十四年、さくら野百貨店に生まれ変わった。

「都市が発展する」とは、このような変化を指すのだろうか。

現金卸問屋丹へ

静かなまち並みが続いていた
国分町と本《もと》櫓丁《やぐらちょう》界隈

大きな水たまりができた道を傘を差し歩いてくる二人の女の子。背後にはいくつもの提灯《ちょうちん》が下がり、のぼりも二本。撮影した小野幹さんの記憶は「仙台市内」だけだった。

右角の「やぶ家」という看板と、のぼりに書かれた「正一位紫稲荷」の文字を手がかりに撮影場所を探した。同じ名のそば屋は今も国分町と虎屋横丁の角にある。紫稲荷は虎屋横丁の西、東北公済病院を過ぎ百メートルほどのところにある。現在の住所は立町《たちまち》だが、かつての本櫓丁《もとやぐらちょう》だ。

提灯に書かれた文字を古い住宅地図に当たると、ほとんどが本櫓丁付近の飲食店だった。この写真、国分町と虎屋横丁の角から西側を撮影したものと考えてよさそうだ。

本櫓丁は国分町と本材木町との間、明治維新後、料亭や芸者置屋が並ぶようになった。昭和四十五年に住居表示が実施され、細横丁（晩翠通）の東側は国分町二丁目、西側は立町に二分された。立町となった地域は、五十年代まで風情あるまちだったが、昭和が平成に変わるころから料亭や割烹が次々に廃業、跡地の多くはラブホテルになった。

本櫓丁の町内会「光櫓会《こうろ》」の役員、小野捷《ちかし》さんを訪ねた。小野さんは、まずやぶ家へ案内してくれた。「うちは大町のやぶ家の分家で創業は昭和初めと聞いてます」と話すのは女将《おかみ》の竹丸はなさん。写真を見て「そういえば前はこんな店だったかしら」と懐かしむ。五十年代初め、現在のビルに建て替えた。

気になるのは国分町の道幅だ。ちょうど自転車に乗った人が渡ろうとしているが、現在の十五メートル幅とは思えない。当時を知る人によれば、三十年代に両側の歩道分ぐらいを広げているという。

「四十年ごろまで紫稲荷の神輿《みこし》は百人を超す氏子たちに担がれ、仙台駅前まで繰り出したんです」と小野さん。その後、担い手が減り祭りは一時途絶えたが、二十年ほど前に復活。今年も七月に開催される。「手伝いに遠くから駆け付ける人もいるんです」。特設ステージでは芸妓さんたちの日本舞踊や妖艶《ようえん》なニューハーフのショーも披露されるそうだ。

三千軒を超える飲食店がひしめき、東北一のネオン街といわれる国分町界隈。しかし住み続けている人たちが意外に多く、その人たちは固い絆で結ばれていることを知った。

左角の木造二階建てはビルになり、人気ラーメン店「味よし」が入居する。

奉納
正一位紫稲荷大

幅五十メートルの大通りへ
工事が進む東二番丁

工事中の道を太鼓を抱えて歩く二人の少年。足元には「仙台市」と刻まれたコンクリート製の境界杭が並んでいる。少し先、ロードローラーの辺りには、仲間らしき姿も。

写真は昭和三十年前後、東二番丁小学校の東側から南町通との交差点方向を撮影したもの。突き当たりの左側は仙台銀座で、隣の三階建ては二十九年に竣工した北日本銀行仙台支店。当時の住宅地図を見ると、仙台銀座は銀行をぐるりと囲み、現在の倍以上の広さと店舗があった。東二番丁が戦災復興事業で五十メートルに広げられたのはこのころらしく、それ以前は八メートルほどだった。

少年たちが着ているのはボーイスカウトの制服のようだ。健全な青少年育成を目的とするスカウト運動は、イギリスから広がり、日本には大正時代に伝えられた。戦時中は活動中止を余儀なくされたが、ここ仙台では二十二年、再建が図られたという。

「私がボーイスカウトに参加したのは戦後間もない二十三年、中学一年のとき」と話すのは仙台中央スカウトクラブ事務局長の佐藤豊さん。「貧しい時代でしたから制服はなく、学生服に記章を付けて活動していました。制服ができたのは二十五年ごろだったと思います」。

多くの場合、活動拠点は学校や教会、寺院など。「写真の子どもたちは東二番丁小学校を拠点にしていたグループかもしれませんね。中には鼓隊を編成していたところもありましたから」。その後、成人した佐藤さんは小学生がメンバーのカブスカウトの指導者を十数年務めた。

仙台の中心に位置する東二番丁小学校には、樹齢約百年のクスノキがある。明治三十一年に植えられ、昭和二十年七月の空襲で焼け焦げたが、三年後に再び芽吹き成長してきた。二十年ほど前、校舎建て替えの際には、この木を残すため建物を曲線にするなどの配慮がなされた。一年中青々とした葉を茂らせるクスノキは、地域のシンボルにもなっている。

東二番丁拡幅の目的は三つ。まず将来の交通量への備え、次に火災の延焼防止など防災上の狙い、そして「杜の都」再現の一環として樹林帯の形成。まだ工事中にもかかわらず、立派な街路樹が植えられているこの風景こそ、一日も早く杜の都をよみがえらせようとする、当時の人々の気概の表れだったに違いない。

三階建てだった北日本銀行（旧・興産相互銀行）仙台支店は、平成四年、現在の八階建てに生まれ変わった。

日動火災海上

昭和四十七年「動く七夕」を見に 四万五千人が定禅寺通に押し寄せた

自転車の荷台に立ち、遠くを見る女と男。さらにもう一人がサドルに足を乗せ、やおら立ち上がろうとしている。写真は昭和四十七年八月、仙台七夕まつり真っ最中の定禅寺通でのひとこま。奥に見える瀟洒《しょうしゃ》な建物は洋菓子のクローバーだ。

「静」の祭りである七夕に、ねぶたや竿灯のような動きを加えようと「動く七夕」が始まったのは、前年の四十六年だった。二回目のこの年も、会場となった定禅寺通は約四万五千人の見物客で埋まった。彼らの視線の先で繰り広げられているのは、このパレードに違いない。

「動く七夕」という名称で親しまれてきたこのイベント、平成十七年に構成と演出を見直し「星の宵まつり」となった。最初の年から陸上自衛隊が運営を支えてきたと聞き、仙台駐屯地を訪ね具体的な内容を伺った。

「今回、出演するのは音楽隊とフラッグ隊それに和太鼓隊で、協力規模は縮小されました」と話すのは東北方面総監部広報室の担当者。これまでの協力の内容を伺った。「長い間、定番だった出し物は、笹竹を手にした隊員たちが踊る『笹飾り行列』、大きな松明《たいまつ》を掲げてパレードの最後を締める『七夕どんと』の二本です」。

裏方ではパレードの演出統制、通信・音響支援、資材の作成、音楽舞台の構築などを担当してきた。

山車《だし》と呼ばれる仮装車両を制作したこともあった。定禅寺通のステージ設営、看板の設置、通りの装飾などは、交通量の少ない深夜の作業になったという。実に多彩で手厚い。

一番の気がかりを尋ねると「天候です。雨で中止になれば準備してきた私たちはもちろん、楽しみにしている市民の皆さんもがっかりなさるでしょうから」と明快だ。

この三十数年で様変わりしたのは前夜祭の人出だ。花火大会の開催は四十五年から。この四十七年の様子を河北新報は次のように紹介している。「夜も八時を過ぎて暑さも和らぎ、人の流れは（西公園の）グラウンドから広瀬川の花火大会へ…」と。

花火の打ち上げが始まる時刻になって、ようやく見物客が集まりだしたということだ。何時間も前から場所取りをする人などいなかったのだろう。記事は「次々と打ち上げられる三百発の花火は赤、黄、青…の花を咲かせた」と締めくくられている。

クローバーなどの跡には再開発ビル「141」が。しかし、そのビル名もじきに忘れられるのだろうか。

ESSO

仙台市南東部の藤塚と名取市の閖《ゆり》上《あげ》を結んだ、小さな渡し船

岸辺の小船に、大きな駕籠《かご》を担いだ人たちが続々と乗り込む。水面には波もなく、向こう岸には並木が見える。写真は昭和四十年前後の名取川河口、仙台市南東部の藤塚（現・若林区）。四十七年九月まで、この場所と対岸の名取市閖上を結んでいたのは一艘の渡し船だった。

知人に閖上の歴史に詳しい鈴木善雄さんを紹介された。鈴木さんは閖上で生まれ育ち、さまざまな地域活動に関わってきた。訪ねると、もう一人待っている人がいた。「渡し船の最後の船頭をしていた相沢正吉《しょうきち》さん」と紹介してくれた。写真の左端、麦わら帽子をかぶり白っぽいシャツ姿で船の最後尾にいる人だ。

閖上の渡し船は藩政期からあったらしく「私で四、五代目と聞いています」と相沢さん。船の大きさ尋ねると「長さ二十四尺（約七・三ｍ）で定員は十五人。でも四十人くらい乗せたこともあった」と笑う。

幅約三百メートルの名取川河口を、毎日約四十往復。「運行時刻が決まっていたわけではなく、お客さんが集まれば出発でした」。自宅のある閖上での待機が多かったが、対岸の藤塚から「ホーッ」という大声で呼ばれることもあったという。

三十年代後半から船外機を使うようになり「五分ほどで渡れるようになった」が、それ以前は一本の櫂《かい》で十数分かけ漕《こ》ぎ渡っていた。「風速が十メートルを超えると一人では難しく、お客さんの誰かに手伝ってもらいました」。

閖上は藩政期から漁業が盛んな港町だった。海産物の行商で仙台方面へ向かう人たちの多くが、この渡し船を利用していた。一方では農業に適した土地が少なかったため、行商の後、野菜を買って帰る人が多かった。また対岸の藤塚や日辺《にっぺ》、今泉などの六郷地区から野菜を売りに行く人も多く、往来は盛んだった。

県道にかかるこの渡し船は、三十年代に県営化され無料になった。相沢さんの記憶によれば、それ以前の渡し賃は大人五円、バイク二十円、リヤカーは三十円。「ただ常連の農家さんは一年分まとめて米や麦で払う人が多かった。小さな農家ならコメ三升、大きなところだと一斗ぐらいだったかな」。四十七年九月、渡し場から百五十メートルほど上流に閖上大橋が竣工、船は長い役割を果たし終えた。

藤塚の船着き場跡には「名取川　藤塚の渡しの地」と刻まれた小さな石碑がある。

若き島崎藤村が海鳴りを聞いた
仙台駅東側の名掛丁《なかけちょう》

かつて「仙台駅東口」と聞いて、ほとんどの仙台市民はJR仙石線の仙台駅を思い浮かべた。平成十二年仙石線地下化でその東口は消え、今では広場のある駅東側の出入口を指すようになった。写真は昭和五十二年十月、仙台駅東口の北側にあった鹽竈《しおがま》神社。境内の入り口にはのぼりが二本立ち、その奥は祭りなのか、少しにぎわっているようだ。

鹽竈神社の歴史は延宝年間（一六七三〜八〇）、仙台藩四代藩主伊達綱村が、塩竈の鹽竈神社改築に当たった際、当時、東六番丁にあった高福院に仮宮を設けたことがはじまりと伝わる。後にこの仮宮に町内の氏子たちが鹽土老翁神《しおつちのおじのおきなのかみ》を迎え、大切にまつってきた。平成十四年、土地区画整理事業に伴い、仙台駅東口交番から少し北側の現在地に移された。

「鹽竈神社のお祭り、十月十日が本祭りだったけど今は日曜に合わせるようになったから、今年は十月十一日だね」と話すのは、神社そばで三十年代から商いを続けてきた女性。写真を見ながら「左側に見えるのがお神楽堂で右側は染物屋さん。この辺りは名掛丁地下道を通る人で、朝晩とてもにぎやかだったのよ」。五十三年、エスパル開業と同時に東西自由通路が完成、地下道を通る人は少なくなった。

「朝、お婆さんたちがぞろぞろ通るのを見て、今日は天神下のお寺で”おえこ“さんの日だった、なんて気が付くこともあったわね」。仙台三回向《えこう》寺の一つ榴岡にある願行《がんぎょう》寺で三年に一度、五月に開かれる大《おお》回向《えこう》のことだが、現在も多くの人が集まるという。周囲には旧国鉄関係の施設も多かった。「メーデーの日なんかは赤旗を持った労働組合の人たちが大勢通ったもんですよ」。

背後のビルは「社会保険宮城第一総合病院。この場所は明治の中ごろ、東北学院で教鞭《きょうべん》を執った島崎藤村が下宿した三浦屋の跡地として知られる。藤村は、荒濱（深沼）の海鳴りがこの名掛丁で聞こえたと書き残している。仙台駅に近いこの場所で、本当に海鳴りが聞こえたのか。以前この疑問を近所で生まれ育った人にぶつけたことがある。「子どものころ、遊びに行った蒲生海岸で、丸光デパートから流れる『荒城の月』を聞いたことがあったんです」という返事が返ってきた。おそらく条件さえ整えば可能なことなのだろう。

新しくなった鹽竈神社。仙台駅に近いこともあり、若い参拝者も多い。

納奉
鹽竈神社廣前
氏子一同
鹽竈神社

仙台駅前、東五番丁の新しいデパートと老舗の喫茶店

東一番丁から東五番丁までの「東番丁」は仙台城下建設の際、国分町の東側に割り出された。その後、城下の拡張で東十番丁まで形成されたが、今もよく知られるのは商店街の愛称となった「一番町」と小学校名となった「東六番丁」だろうか。

写真は昭和四十年代半ばの東五番丁、南町通との交差点。少し先、大きな工事中のビルは四十七年四月に完成し、十字屋仙台店となる。開店前日、同店は「一万人招待セール」を実施、前景気を盛り上げた。それまで駅前の丸光、大町の藤崎、東一番丁の三越という三店で、地域的すみ分けがなされていた仙台のデパート業界には大きな刺激となった。

その北側で今も変わることなく、おいしそうなコーヒーの香りを漂わせているのは「自家焙煎・珈琲の店とーもん」だ。仙台で学生時代を過ごした人なら、一度ならずコーヒーを味わった思い出があるに違いない。

「コーヒー一杯が五十円だったかな」と三十四年十二月の開店時を振り返ってくれたのはマスターの小林紀元さん。当時二十六歳だった小林さんに喫茶店経営のノウハウがあったわけではない。「店を開く前に東一番丁の『エビアン』で修行し、開店後しばらくは、南町通にあった『ら・めーる』の共同経営者だった谷さんに手伝っていただきました」。

新婚間もなかった小林さんだが、店の二階に住み、朝七時に店を開け夜の十一時まで夫婦で働いた。しかし夕方、レジをみて「こんな状態でいつまで続けられるのか」と不安になることもしばしばだったという。

酒類を出さないのに夜十一時までの営業には訳があった。「当時は夜行列車がたくさんあって、それに乗るため早い時間に自宅を出て、うちの店で時間をつぶす人が結構多かったんです」。やがてコーヒー好きの東北大の先生や学生たちのたまり場となっていく。

店名を母校である早稲田大の同窓会にちなむ「とーもん」にしたのは、先輩の助言だった。その恩恵なのか、転勤や出張で仙台に来た同窓生が訪ねてくることもしばしばあった。

平成元年、とーもんがあった場所は周囲と合わせビル化されたが、その後もほぼ同じ場所で営業を続けてきた。十字屋仙台店は十七年十一月、三十三年の歴史に幕を閉じた。

この一帯に30年以上、所有者の変わらない建物、業種の変わらない店は何軒あるのだろう。

ウイスキー

広瀬通と東一番丁の交差点で
昭和の記憶をたどる

かつて仙台市内には、駅前を中心に数多くの靴磨きがいた。時代が平成に変わっても時折、見かけたような気がするのだが…。写真は昭和三十五年の広瀬通、東一番丁との交差点。現在の東映プラザ前から南側を撮影したもので、左端の黒っぽい建物は日活劇場だ。広瀬通の歩道にはタバコをくわえた靴磨きのおじさん。夕暮れのまちに、アーケード下の照明が際立っている。

「この靴磨きの人、覚えてますよ。父や母が親しくしてて、荷物を預かってあげたこともありましたから」と話すのは、この角から少し東側のそば屋「ひろせ庵」の蓬田《よもぎだ》さんだ。「犬を飼っていたことがあったし、娘さんがいたとも聞いてました。商売をやめたのは五十年ごろかしら」。

蓬田さんのこの時期の思い出は、今はフォーラスとなった場所にタイガーという大きなキャバレーがあったこと。「ホステスさんたちが出勤する夕方になると、出前の注文がたくさん入るんです。それを届けるため広瀬通を横切っていくの。車も少なかったから」。タイガーで働いていた人の中には今も「懐かしくて」と立ち寄ってくれる人がいるという。

写真の中央、広瀬通と東一番丁角の電器店は後にレコード屋になった。隣はお茶の永楽園。三軒目は中心部では数少ない玩具店「白牡丹《はくぼたん》」だ。店の前には、いつもオモチャがたくさん並んでいた。仙台の子どもたちにとって、夢のような場所だった。

「三十五年ですと私はまだ中学生ですから、そのころの商売のことはよく分かりません。でもダッコちゃんとかフラフープ、ホッピングなんかは本当によく売れたと聞いています」と代表取締役の冨澤正三《とみさわしょうぞう》さん。白牡丹は冨沢さんの父、孟《たけし》さんが戦後の二十一年に創業したという。

「最近は子どもたちの好みも多様化したのか、あれほどの大ヒット商品はありませんね」。かつて玩具店にとって一番の商戦は初売りだった。「どんな景品が母親に喜ばれるのか、毎年、準備に頭を悩ませたものです」と振り返る。

平成十五年、白牡丹は東一番丁での玩具販売からは撤退。現在は県内外のショッピングセンターに七店舗を展開している。東一番丁や中央通で創業した店の多くも、かなり前から軸足を郊外に移しているという。

今も東一番丁と広瀬通は、人や車の流れが途切れることがない。

キリンビール
POLA

鉄道の開通時から、仙台駅の東と西をつないだ北目町ガード

東北本線全線が電化されたのは昭和四十三年八月。仙台駅や沿線で蒸気機関車を見かけたり汽笛を聞けたのは、そのころまでだったのだろう。

写真は二十九年。「更科《さらしな》旅館」と「星屋旅館」、二枚の看板がこの場所が北目町であることを物語る。北目町ガードの歴史は、仙台駅開業の明治二十年までさかのぼる。このとき駅の北では名掛丁が、南では南町通と柳町通が東西に分断されたが、北目町通だけはガードが造られた。

しかし、まだ自動車のない時代、せいぜい人力車が通れる程度の幅と高さだったが、大正十三年に四メートル幅一本に改修された。昭和四十八年には、新幹線工事に伴い東側に十五メートル延長され、現在のようになったという。

「こんな看板を出してたの知りませんでした」と話すのは更科旅館の中山幸栄《こうえい》さん。その場所は「ガードをくぐり半町」の看板どおり、北目町通と東七番丁の角。「うちは父が戦後すぐ始めた商人宿。美濃や多治見など陶磁器の営業の方が中心でした」。多くが年に何回か一週間から十日ほど滞在。「何十年にもわたり利用いただき、親戚付き合いをするほど親しくなった方もおりました」と懐かしむ。

やがて五十九年、土地区画整理に伴う道路の拡幅もあって旅館を閉じ、翌六十年、現在のテナントビルとなった。

「お彼岸やお盆には、お墓参りの人が、このガードをぞろぞろ通ったんですよ」と教えてくれたのは、東七番丁で酒屋を営んできた奥津俊恵さん。「駅の中を通り抜けられる通路はありませんでしたからね」。

駅近くという場所柄、厄介なのは蒸気機関車の煙。「すすで洗濯物が汚れてしまうの」。忘れがたいのはガス局にあった大浴場。「ガス工場の職員用だったようですが、お金を払えば誰でも入れ、『ガスぶろ』って呼んでました。広々としてお湯も豊富で、内ぶろがあるのに通ってる人もいたほどです」。

北目町ガードの東側は五十年代からの区画整理で「駅裏」のイメージは一新された。「昔はうちの子がよそでご飯をごちそうになったり、よその子が朝から晩までいたり…。そんな長屋時代のほうが暮らしやすかったような気もするんですが」と奥津さん。中山さんも人付き合いが薄れてきたという懸念をもっている。

ガード北側には専門学校が建ち、その上を新幹線が走る。

C12 265
更科旅館
ガードをくぐり半町 電話六八四六番
星屋旅館
ガードをくぐり約二丁半 電三九四五番

夕暮れからは「暗く寂しかった」
昭和三十年代の定禅寺通

昭和三十七年、夕暮れどきの定禅寺通と東二番丁との交差点。路面に敷かれた市電の線路は勾当台通へと弧を描く。正面の五階建てビル屋上で輝いているのは「ナショナル」の頭文字Nをモチーフにしたネオン。まだ大きくはない街路樹の先には、青葉山の稜線が見えている。

「ナショナルのビルができたのは三十六年で、その後、新しい建物が増えていった」と話すのは東隣で書店を営んできた米竹隆さん。ビル建設工事中に撮った写真を出してきて、通りの変化の様子を教えてくれた。

「このビルの前でよく虫捕りをしたなあ」と話すのは向かい側で育った草刈恵佐雄《えさお》さん。「私が子どものころの定禅寺通は、飲食店もネオンも少なく、日が暮れるとかなり暗く寂しい感じだった。その中で、このナショナルビルのショーウインドーだけは煌々《こうこう》と明るく、夏の夜はカブトムシとかクワガタが集まってくる。ぜーんぶ手づかみですよ」。

思い出は勾当台公園でのセミ捕りへ。「前の晩、地面に割り箸を何本も刺しておく。うちが箸屋だからじゃないけど。翌朝、薄暗いうちに行くと、その箸に地中から出てきたばかりのセミがとまってて、それも捕り放題」。市の中心部なのに〝自然〟と接する機会が多く「子どもが育つ環境としては恵まれていたのでは」と振り返る。

この定禅寺通と東二番丁の交差点、現在は直角に交差しているが、以前は〝食い違い〟で交通のネックだった。写真が撮られた三十七年十月の『仙台市政だより』に「県庁前の東二番丁と定禅寺通の交差点に、交通信号機がつけられました」という記事が載っていた。大きなスペースを使い交差点の特徴と通行方法を図解している。食い違いが解消されたのは地下鉄工事に伴う六十一年だった。

定禅寺通にケヤキが植えられたのは青葉通より遅い三十三年。歩道部分のケヤキ植樹は決まっていたが、中央部分がなかなか決まらなかった。結局、当時の市長の「西公園と勾当台公園をつなぐ大樹林帯に」という意向に沿いケヤキが植えられた。

見事に生長した街路樹の下は、米竹さんたちが立ち上げた光のページェントやジャズフェスティバルなど、多彩なイベントの会場となる。この並木道が、かつて「暗く寂しかった」ことを想像するのは難しい。

植樹から約50年。ケヤキは、通りの先を見通すことができないほど大きく育った。

藩政期以来の歴史ある寺のそばで
東北新幹線の工事が進む

最近の霊園とは違い、林立する墓石も、各区画も不揃いな墓地。やや雑然とした雰囲気は、ここが歴史ある寺院の一画であることを想像させる。写真は昭和五十四年。撮影した小野幹さんは「仙台市内南部」という記憶しかなかった。背後には工事中の高架橋と数棟のアパートが見える。

やや傾き加減の「秀の山碑」と刻まれた石碑を手がかりに資料を当たると、ここは荒町の満福寺《まんぷくじ》であることが分かった。「毘沙門さん」と親しまれている寺だ。秀の山とは気仙沼生まれの第九代横綱で幕末に活躍した。藩政期、満福寺の境内では相撲の興行が盛んに行われ、その縁でこの石碑が建立されたと伝わる。隣には六代目式守伊之助の墓もある。

「うちは東北本線とは浅からぬ縁があるんです」と話すのは、かつて南鍛冶町にあった東漸寺《とうぜんじ》の第十七代住職、那波昭西《なばしょうさい》さん。「明治二十年に仙台と上野を結ぶ鉄道が開通しますが、その際、墓地が南北に分断されたんです。その後の複線化で境内を削られ、東北新幹線の工事でさらに狭くなりました」。

その結果、百基以上の墓を線路北側に移転せざるを得なくなり、参詣人のために跨《こ》線橋を架けてもらったという。「工事中は、パイルを打ち込むガンガンという騒音がかなりひどかったですね」と振り返る。ビル四、五階の高さで仙台の市街地を貫く新幹線の高架橋も、すっかり見慣れた風景となった。

東漸時の災難は、これで終わらない。仙台市の都市計画道路工事が追い打ちをかける。平成十八年、約四百年前に伊達政宗より賜った地を離れ線路の北側、連坊小路に近い元茶畑に移転することとなった。

今、連坊の東北本線陸橋西側と成田町のガードを結ぶ、線路沿いの歩行者専用道路がある。この道は新幹線の工事に伴って造られたもので、かつては連坊から入って百メートルほど、保寿寺《ほじゅじ》のところで行き止まりになっていたと近所の人から聞いた。工事に伴い、移転を余儀なくされた人たちも少なくはなかったらしい。

東北への鉄道敷設に際し、仙台の停車場建設予定地は宮城野原付近だった。しかし、当時の仙台市民の強い要望で現在地に変更された。もし、当初の計画どおりであれば、仙台のまちは現在とは大きく異なっていたに違いない。

墓地の向こうを新幹線が走る。
その先には新しいマンションが。

お参りの人々でにぎわう
北六番丁、万日堂《まんにちどう》の大回向《おおえこう》

仙台には「おえごでら（大回向寺）」と呼ばれるお寺が三つある。北六番丁の万日堂、東九番丁の常念寺《じょうねんじ》、それに榴岡にある願行《がんぎょう》寺で、この三寺が持ち回りで大回向という法要を行ってきた。

写真は昭和三十年ごろの万日堂。山門の両側には露店が立ち、かなりのにぎわいだ。今もこの行事は続いているのか、万日堂を訪ねてみた。

「右側の立て札に『九萬八千日大回向』と書いてありますね。昨年、本院では十一万六千日の大回向を行いました。この写真は、計算すると五十四年前の昭和三十年です」と説明してくれたのは住職の四竃亮真《しかまりょうしん》さん。かつての大回向はかなりの参拝者があったようですね」。

万日堂は正式には清浄光院《しょうじょうこういん》という天台宗の寺院で、寛文年間（一六六一～一六七二）伊達綱村が念仏回向をするお堂を建立したことが起原とされる。境内には元禄や享保、安永、文化、安政など藩政期の元号が刻まれた墓石や石碑が少なくない。

万日堂の北側、仙台軌道という軽便《けいべん》が走っていた辺りを歩いてみた。庭仕事をしていた人に声を掛ける。「この道路が線路だったんだ。両側にどぶ川があって、うちは線路を越えないと入れなかった」と話してくれたのは浅井隆繁さん。「すぐそこが東照宮駅でね」。

浅井さんは昭和八年この場所で生まれた。「とにかくすごい人で、袋に入れた米やお賽銭が、賽銭箱からあふれるほどだった」と子どものころの大回向の様子を話す。「境内には多くの露店が出て、門の両脇にずらっと、こじきや『傷《しょう》痍《い》軍人』が並んでたこともあったなあ」と振り返る。

この写真にも、山門の両側に白い服の二人が写っている。かつて観光地や人通りの多い仙台七夕などの際、白い患者服に軍帽をかぶりアコーディオンやハーモニカで、軍歌や哀愁ある曲を演奏し、街頭募金をする人たちがいた。

印象に残ったのは万日堂の「御茶《おちゃ》婆様《ばあさま》」というお地蔵さん。昔、寺の前にきれいな小川があり、川沿いに住むお婆さんがその水でお茶を振る舞っていた。やがて彼女は寝たきりになることなく天寿を全う。彼女の善行を讃え、供養するため近所の人たちが、このお地蔵さんを祀《まつ》った。以来、お茶を供えてお参りすれば、下《しも》の世話になることなく旅立てると言われるようになったという。

五十数年を経ても、門構えなど、ほぼ変わっていない。

来ル五月十三日十四日十五日三日間
九萬八千日大回向執行
當山

昭和三、四十年代、市民の娯楽は市中心部の繁華街にあった

車両の通行が当たり前だった昭和三十六年の東一番丁。左側、少し奥まった建物は中央劇場で「完全冷房」の看板は仙台名画座だ。映画が「娯楽の王様」と言われた時代、この南側には仙台松竹劇場、青葉通には青葉劇場があり、東一番丁は「映画のまち」でもあった。

東一番丁の南端に位置するこの界隈、アーケードを改装した六十一年からは、サンモール一番町の愛称で親しまれてきた。その中で戦後間もないころから市民に娯楽を提供してきた「ボンボン会館」が、平成二十二年三月末閉店した。「ボンボン会館の始まりは、昭和二十六年に父が興した『ボンボンクラブ』というパチンコ店」と話すのは現在、代表を務める山下晴也《はるや》さん。「写真の右から二軒目、ヤナギヤ靴店の北隣。これが最初の建物で、アーケードの上に見える三階部分は碁会所だったと思います」。

五階建てのボンボン会館の完成は四十四年暮れ。建設に際し創業者の山下勝雄氏は、各地の先進的施設を視察。そして一階がパチンコ店、二階が喫茶店と美容室、三階が麻雀クラブ、四階が囲碁とビリヤード、地下はサウナと理容室、飲食店という構成となる。「娯楽のスーパーセンター」というキャッチフレーズを掲げる複合娯楽ビルは、当時の仙台では画期的だった。「関西でお坊ちゃんのことを『ぼんぼん』って言いますね。そのぼんぼんが一日中楽しめる、がコンセプト」と店名の由来も教えてくれた。

南町通と青葉通の間の東一番丁にとって大きな変化が訪れるのは五十一年。仙台市電の廃止だ。「南町通の停留所で市電を降りた人たちの多くが、東一番丁を北上していましたが、その流れが途絶えたんです」。もう一つ、レジャー産業に大きな影響を与えたのは週休二日制の導入と山下さんは言う。「それ以前、ほとんどの会社や役所が土曜は半ドンで、うちのパチンコや麻雀の台がお客さまで満席になるのは土曜の昼過ぎからでした」。週休二日制の職場が増えるにつれ状況は変わっていく。

写真奥、屋上に観覧車があるのは藤崎デパート。歩道上にすき間なく止められた自転車とバイクは、それが庶民の交通手段だったことを物語る。マイカーの普及など想像できなかった昭和三十年代。市民の楽しみの多くは中心部の繁華街にあった。

アーケードが高く開放感のあるサンモール一番町だが、人通りはあまり多くないように思える。

市役所そばの国分町で聞いた
昭和の小さな物語

昭和三十年代、市役所前広場の南側。「山下刺繍店」の看板で見当がつく人もいるだろう。撮影した小野幹さんによれば、二匹の犬を連れた男性は国分町の中華料理店、紅華《こうか》の先代のご主人だという。夕暮れどき、愛犬の散歩に出てきたのだろうか。

店を訪ね写真を見てもらう。「間違いありません。父は戌《いぬ》年生まれだったせいか、とても犬好きで」と話すのはご子息の小野繁《しげる》さん。「左の黒い犬はコッカースパニエルで通《とおり》町《ちょう》のブリーダーから譲り受けたはず。右側の一匹は覚えていませんが、手前のボールをくわえた犬はエアデール・テリアで、迷い犬を引き取ったと聞いています」。

小野さんの父親、太郎さんは昭和十年代、玉沢横丁（現・広瀬通付近）にパンと和洋菓子の店「紅屋《べにや》」を開く。戦後の混乱期を経て三十年代半ば、現在の場所に「紅華」を開店。しかし当初は苦労が多かった。

当時、定禅寺通北側の国分町には会社や商店、工場が並び、飲食業に詳しい人は「ここでは商売にならない」と言う。実際、客は少なく電話での注文が頼りだった。「注文があればどこでも届けました。遠くは三百人町まで行ったかな自転車でね」。

写真奥に看板を出している山下刺繍店を訪ねた。「うちは戦後すぐ両親が鉄砲町で創業、数年後ここに移りました」と話すのは山下潔子《きよこ》さん。「北側は森川小児科で西側には『矢野』という料亭があって…だから夜になると三味線が聞こえたりしてね」。

興味深かったのは進駐軍がいた二十年代、苦竹キャンプPX（売店）で階級章などを製作していた時期のこと。好評だったのは、日本の「刺繍」。店には三十センチ四方ほどの台紙に富士山や虎、孔雀など日本的な図案の見本が残っていた。裏には大きさがインチ単位で、価格がドルで記してある。ハンカチは五十セント、スカーフのサイズは三ドル。帰国する兵士が妻や恋人、母親への土産《みやげ》にしたのだろうか。

山下刺繍店の手前、アイスクリームの看板を出しているのは二十九年開店のレストラン「丸越《まるこし》」。トンカツやメンチカツが人気だったが、十年ほど前に閉店した。戦前から戦後へ、昭和という時代を背景に紡がれたささやかな物語りは、まちのもう一つの魅力だと思った。

通りの北側には再開発ビルが建ち、レストラン「丸越」は別の店になっている。

コーヒー
UKOSHI
アイスクリーム
冷房中
山下刺繍店

仙台市民の夏を彩った
貞山堀と深沼海岸の思い出

誰にでも一つや二つ子ども時代の夏の思い出がある。海や川、山など背景は違っても多くは幸せな時間の記憶だと思う。写真は昭和四十四年夏、深沼海岸の手前の貞山堀。腰をかがめシジミ採りをする子どもたち。その先には釣りをする親子の姿も。

深沼海岸は仙台駅から東へ約十キロメートル。市内唯一の海水浴場として、夏になると多くの人でにぎわう。三十年代には何艘もの木造漁船が砂浜に揚げられ、松林近くには網小屋が並んでいた。この平成二十二年も七月十七日に海水浴場がオープンすると聞いた。

貞山堀や深沼海岸はどうなっているのか、深沼の宮城県漁業協同組合仙台支所を訪ねた。支所長の遠藤さんは「私より詳しいはず」と組合員の佐藤義忠さんを紹介してくれた。

「昔の貞山堀はこんなふうに両岸が砂浜で、子どもたちが気軽に遊べたんだよ」と佐藤さん。そして「水がきれいで、水中で目を開けても平気だった。シジミもよく採れて、母親から夕飯で食べる分を採ってこいなんて言われて」と思い出を語る。しかし徐々に水質は悪化、漁業権の関係もあり、五十年代になるとシジミ採りは身近なことではなくなった。

以前、砂浜で見た木造船のことを聞くと「あれは櫓《ろ》や櫂《かい》であやつるカッコ船《ぶね》といって、動力船が主流になる四十年代には見かけなくなった」。そのころから深沼の漁業の拠点は、港が整備された閖上や塩竈に移っていく。

深沼海水浴場の利用者数を関係機関に問い合わせた。担当者は「この数年、減少傾向」と話す。ちなみに前年は約二万人。前に取材した菖蒲田海水浴場と同様だった。

写真の撮影場所を聞くと、佐藤さんや漁協事務所に居合わせた人たちの見解は「深沼橋の南、朝日橋の辺り」で一致した。教えてもらった場所は、ちょうど家並みが途切れる辺りだった。両岸はコンクリートブロックで整備され、水際まで降りることは容易ではなくなっている。土手沿いの道にも人けはなく、長大な「運河」は、忘れ去られてしまったようだ。

仙台のような大都市に「白砂青松」の自然海岸があるのは珍しいという。この自然と貞山堀という歴史遺産を組み合わせ、親水公園として活用することはできないのだろうか。このままではあまりにもったいない。

貞山堀には小さな船が何艘も係留されているが、人けはない。

日曜、祝日の七時間で始まった
東一番丁の歩行者天国

二十歳前後の若い人が、車が走るかつての東一番丁の映像を見て驚くと聞いたことがある。終日、車の通行が規制された現在しか知らない世代が、意外に思うのは自然なことかもしれない。写真は昭和四十六年、歩行者天国となった東一番丁。カメラを構えた人々の注文に応じるように、ミニスカートのモデルがポーズをとる。傍らにはトヨタの「カリーナ1600GT」。おそらく新型車の展示会を兼ねた撮影会なのだろう。

撮影した小野幹さんは「昔は写真材料商組合とかの主催で、よくモデル撮影会があり、そのたびに駆り出された」と話す。モデルの背後でレフ板を構えたり、メガホンを持っているのは、そんな関係者に違いない。

東一番丁で歩行者天国がスタートしたのはこの前年、四十五年の十月十日、体育の日だった。午前十一時、花火を合図に南町通と定禅寺通から商店街や仙台市、宮城県警などの関係者が「番ブラ」を始めたと当時の新聞にはある。自動車の排気ガスや騒音の低減を目的に、全国に先がけた「健康都市」づくりの一環として取り組まれた仙台初の歩行者天国は、日曜と祝日のみ、時間も午前十一時から夕方六時までのわずか七時間。それでも東一番丁には多くの買い物客が訪れたという。

「写真の真ん中辺りアーケードの高さが違ってるところがありますね。ここは虎屋横丁の角なんです」と話すのは一番町四丁目にある老舗刃物店の社長、加藤義靖さん。「いま広瀬通と定禅寺通の間は一つの商店街になってますが、当時は南北二つに分かれてました。このアーケードの段差が境界だったんです」。

振り返れば昭和の四十年代は、モータリゼーションの進展著しい時期で、カラーテレビやクーラーとともに、マイ「カー」は新三種の神器の一つになる。モデルの脇に展示されているカリーナはトヨタ期待の新型車。キャッチフレーズは「足のいいやつ」だった。

車の普及と歩調を合わせるかのように、仙台バイパス沿いには続々とモーテルが開業。発祥地のアメリカとは異なる、独自の業態で定着する。やがてマイカーの所有は特別なことではなくなっていく。四十八年のオイルショックで、一旦、普及率の上昇にブレーキをかけられはしたが、その後も順調に推移していった。

昭和57年10月から「一番町四丁目買い物公園」となり終日、車は通れなくなっている。

正札堂
中央

東一番丁、中央市場入り口に小さな本屋さんがあった

とある本屋さんの店先で、食い入るようにマンガ本を見る少年。夕暮れどきをかなり過ぎているのか、アーケード下の蛍光灯は輝き、通りの向こう側には「Theater」というネオンが際立つ。写真は昭和三十一年三月の東一番丁。今、壱弐参《いろは》横丁の愛称で親しまれる中央市場の入り口にあった伊澤書房だという。台の上には「少年画報」や「少年クラブ」「少年」など、当時の子どもたちに人気の月刊漫画雑誌が並ぶ。

「真ん中に見える小さな袋、これ外国の使用済み切手。よく売れたのよ」と話すのは、この店で戦後間もない二十一年から三十三年まで働いていた及川隆子さん。「光波」という雅号は、仙台の華道界ではでよく知られる人だ。

「お客さんは米ヶ袋あたりのサラリーマンが多くて、皆さん〝つけ〟で買ってたから、給料日の後は集金で忙しかったの」。月刊誌の配達を頼まれることも多かったという。このころ月刊の漫画雑誌には、本誌より判型の小さい別冊付録が何冊も付いていた。「この付録がよく盗まれて」と話す。本屋での万引きは、今に始まったことではないようだ。

「六畳か八畳ほどの店だったけど、夜十時ごろまで開けてたかしら。文化横丁で飲んで、子どものお土産に本を買っていく人も多かったんです」。中央市場は今も南北二本の通路に約百軒の店が並ぶ。南側は開設当初から飲食店が主で、北側はほとんどが物販店だった。

「協力して大売り出しをしたり、当時としては珍しい公衆トイレがあって、『市民の市場』っていう感じでにぎわってました」。近所で商売をしていた人のお子さんの入学式に、親代わりで出席したこともあったという。

斜め向かいのネオンは、当時は仙台文化劇場だったが、後に仙台松竹となる。「松竹の社長の娘さんとは仲良しだったから、よく映画を見せていただいた」と及川さんは振り返る。

書店業界の事情に詳しい人によれば、戦後増加を続けてきた仙台市内の書店数は、昭和六十一年の約百八十軒がピークで、以後、減少傾向にあり現在は五十数軒だという。雑誌を扱うコンビニエンスストアは増え、インターネット通販の成長も著しい。近い将来、冷やかし半分で紙の本を見て歩くことは、容易にかなわない楽しみになってしまうのだろうか。

サンモール一番町という商店街にとって、中央市場は大きな魅力となっているはずだ。

まだ住宅がまばらだった、昭和四十年代初めの緑ケ丘

平成二十二年十月、八木山動物公園は開園四十五周年を迎えた。同園がオープンした昭和四十年は、八木山や緑ケ丘など市南西部の丘陵が、住宅団地へと変わっていった時期だ。

露出した山肌に、ひな壇状の宅地。ポツリポツリと住宅が建ち始め、背後には太白山が見える。八木山に連なる丘陵であることは間違いないのだが、一体どの辺りなのか。

おそらく大年寺山付近からの撮影と見当をつけ足を運んだ。今も同じような風景は見られるが、高さが足りない。考えられるのは数年前までテレビ塔脇にあった仙台放送の屋上だ。今跡地には特別養護老人ホーム「大年寺山ジェロントピア」が建つ。

施設の屋上に上がることをお願いすると担当者は、快く応じてくれた。そして「ここは風致地区で高さが規制されてますから、仙台放送さんも四階建てだったのでは」と教えてくれた。

屋上から南西方向を見ると、同じような眺望が広がっていた。異なるのは、かつて木々で覆われていた部分まで、住宅で埋まっていることだ。

写真の場所を現在の地図と照合すると、左端の宅地は緑ケ丘三丁目、右側は緑ケ丘四丁目。間の緑地は松ケ丘ゴルフクラブになり、手前の谷は長嶺や二ツ沢だ。撮影時期は四十年代の前半だろう。

多くの人が暮らすようになって四十数年、団地内道路の傾斜のきつさは変わらない。四丁目バス停付近から北側へ坂道を下りると二つ目の角に「越路山《こえじざん》朝日《あさひ》瀧《だき》不動院《ふどういん》」という小さなお堂があった。

お参りしていた女性に声を掛けた。彼女は緑ケ丘の南、砂押《すなおし》からバスに乗って来た。「子どもが小さかったころ目を悪くして、以来、このお不動さんにお参りするようになった」と話す。そして裏へ回り堂守《どうもり》の柏《かしわ》さんを呼んでくれた。

柏さんのご主人がこのお堂を建てたのは二十年ほど前。それまでは二ツ沢の自動車学校そばにあったという。「だから以前は『二ツ沢のお不動さん』。お堂のそばに小さな滝があって、その水がおいしいって汲みに来られる方もたくさんいました」と懐かしむ。緑ケ丘という新しい住宅地が開発された後も、しばらくその足元で、八木山を源とする小さな流れに水を汲みにくる人の姿が見られたことになるのだろうか。

住宅は増えたが、太白山から伸びる稜線のかたちは変わらない。

藩政期から多くの瓦職人が暮らしていた通町界隈

「確か通町《とおりちょう》の辺り」と小野幹さんが見せてくれた今回の写真。撮影は昭和五十年代。瓦屋根をのせた塀の上で鍾馗《しょうき》様がにらみを利かせている。

城下町である仙台には染師町や鍛治町など職業にちなんだ町名がいくつかあるが、瓦職人に関するものはない。しかし藩政期、ほとんどの瓦職人が通町周辺に住んでいた。

通町小学校の西側、北八番丁と北九番丁を結ぶようにある神子町《みこまち》は、瓦屋が多かったと聞いたことがある。写真左端の三階建ては通町小学校で、この場所は神子町と見当をつけた。

小学校の西側から神子町へ入ると、通りの中ほどに瓦をのせたブロック塀がある。塀も中の建物も新しいが、その北東角には写真と同じ鍾馗様が据えられている。通り掛かった人に「昔のことに詳しいはず」と聞いた数軒南の黒崎さんを訪ねた。「あそこは瓦屋をだった庄子家の屋敷で、いまは親戚が住んでます。実は私も縁続きなんです」と教えてくれた。庄子家は元禄年間（一六八八～一七〇三）の創業で、仙台城や瑞鳳殿などの瓦も焼いた。職人の中でも身分が高く、名字帯刀《みょうじたいとう》を許されたという。

鍾馗様のことを尋ねると「本業の合間に瓦と同じ粘土で作ったんでしょうね。いつごろのものかは分かりませんが」と話す。

かつてこの辺りには瓦屋が数軒あった。しかし昭和も三、四十年代になると窯の火は徐々に消えていく。「庄子家が瓦の製造をやめたのは四十五年ごろかな」。そして「私より詳しいのでは」と北九番丁角に住む松岡秀治さんを紹介してくれた。

「授業中、風向きが変わり急に瓦工場の煙が教室に入ってくると慌てて窓を閉めたもんです」と松岡さんは通町小学校時代の思い出を話す。瓦を焼く燃料は油分の多い松の木。だから煙は煤《すす》が多く真っ黒。「学校の隣にそんな窯があったなんて、今では考えられませんけど」。

松岡家も藩政期からの瓦屋で、仙台大手門のしゃちほこや主要な寺社の瓦も焼いていた。戊辰戦争の際には瓦の砲弾もつくったという。

瓦の原料となる土は台原付近から、燃料の薪《まき》は中山や根白石方面から馬車で運ばれた。焼き上がった瓦を運び出すのも馬車だった。昭和のある時期まで、この界隈は荷物を積んだ馬車が行き交い、大いににぎわっていたに違いない。

通町小学校の校舎は平成19年に建て替えられ、校地の北側がグラウンドになった。

国分町の老舗金物店の足跡と仙台の戦後

ひときわ高い鉄塔をのせ威容を誇っているのは東北電力ビル。ホールやホテルも備えた九階建ての同ビルの竣工は昭和三十五年。撮影日の記録はなかったが場所は分かりやすい。左手前の建物は永楽屋本店で向かい側は奥田金物本店。国分町と広瀬通の交差点を北西から撮ったものだ。

「このころは広瀬通に車を止めておけたんですね。舗装が済んでいるのも道路の真ん中だけだし」と懐かしむのは奥田金物本店の代表、奥田潤一さん。「左側の二階建てが完成したのは二十七年か二十八年の十二月。空襲で国分町の店が焼け、戦後は仙台銀座で商売を再開しました。その後、元々商売をしていた国分町にという想いがかない、やっと戻ったのがこの店です」。

しかし暮れも押しつまった時期に引っ越したため初売りの準備などできるはずもなかった。「それでも正月二日の早朝には大勢のお客さまが押し寄せ、父と母がせかされるように『初売り』をしたように思います」。翌年からは前夜に、廃材を店の前に積んでおいた。早朝から列をなすお客さまが、暖を取れるようにとの心づかいだ。

奥田金物本店の創業は古く弘化元年（一八四四）。藩政期の芭蕉の辻を描いた絵図で「金物・打刃・奥田」というのれんを掲げた店を見たことのある人は多いはずだ。この店から分家し現在に至っている。

「国分町角の四階建ての完成は三十六年。この年、私は大学を卒業し、大阪に丁稚奉公に行ってました。でも家業を手伝えと、わずか半年で呼び戻されました」。二階建ての部分を現在の九階建てにしたのは五十年。新店舗では、家庭用品を幅広く扱うようになり、名称も『セゾンオクダ』と一新。季節感のある生活提案をとの思いを込めフランス語で季節を意味するセゾンを使った。

左手前の永楽屋本店は、家具のエーラクとして親しまれた。郊外の大型家具店などない四十四年、家具とインテリア用品を扱う五階建ての専門店となる。平成八年に飲食店ビル「エーラクフレンディア」となった。

東北を代表する歓楽街・国分町だが、かつては江戸から続く奥州街道。藩政期は大店が並ぶ城下の中心でもあった。そんな時代からの伝統を継承する店こそ、市民の暮らしと共にあってほしいものだ。

付近の建物は、ほとんどが高層化され、４階建ては珍しくなった。

昭和の末期、仙台のまちは戦災復興期以来の変化を遂げた

ちょうど三棟のビル建設工事が進行中の今回の写真。場所は広瀬通と東二番丁の交差点付近。右が仙台駅方向で左へ行けば東一番丁だ。撮影は昭和五十九年。

左奥、二本の大きなクレーンをのせているのは、仙台では初めて二十階を超えた第一生命タワービル。中央は朝日生命が所有していた時期もあったが、いつからか仙台本町ビルとなっている。ここには五十二年まで七十七銀行の本店があった。

右側は六十年にオープンした江陽グランドホテル。皇族や中国の国家主席、江沢民が利用したことで知られる。長く仙台で暮らしてきた人なら、その母体となった「後藤江陽写場」や「江陽会館」がなじみ深いだろう。江陽会館は神社や旅館などでの結婚式や披露宴が主流だった三十二年に開業。東北では最初の総合結婚会館として話題となった。

創業者の後藤江陽氏は戦前の昭和八年、長町に写真スタジオを開き、それから東一番丁と森徳横丁の角に移転。空襲で焼失するが、二週間ほど後にはバラックを建て商売を再開。その後、二十一年に新築した店舗などを経て、江陽会館の建設へと至る。

一方では東一番丁のアーケードの建設やバス停留所の誘致など、商店街の振興にも力を尽くす。氏が亡くなったのは平成四年。その葬列は、故人の思いが詰まった東一番丁を通り、商店街の人々に見送られたという。

仙台の中心部を東西に貫く広瀬通は、青葉通や定禅寺通、東二番丁などとともに戦災復興事業で整備された。東二番丁から西は、昔からの通りを飲み込むように、東側は大部分が新たに開かれている。他の道路や公園の整備も含め、この事業は藩政期以来のまちの姿を大きく変え、現在の仙台の骨格をつくることとなる。事業が完了したのは三十六年だった。

この写真が撮られた一年前の五十七年は東北新幹線が開業。翌五十八年には仙台西道路が開通した。「仙台・青葉まつり」が復活したのは六十年で、六十一年に「光のページェント」、六十二年には「定禅寺ジャズフェス」がスタート。六十二年は地下鉄南北線が開業した年でもある。新しい交通インフラの整備、現在の仙台を代表するイベントの始まりが、昭和という時代が幕を閉じる時期に集中したのは単なる偶然だろうか。

中央警察署跡地には14階建てのビルが建ち、タワービルは一部しか見えなくなった。

ネスコ世界大
ホテル聚楽

141ビルが建つ前、三越の北側にこんな路地があった

「これ141ビルになったとこ。昭和四十九年の二月に火事があって…」と小野幹さん。雪が残る路地で一升瓶の入った木箱を運ぶ二人の男性、その前には「近火御見舞御禮」の貼り紙。隣近所への出火おわびなのか、近火見舞いの挨拶回りなのか、ちょうど同行する女性が一本抜き出したところだ。

平成二十年に三越定禅寺通り館となった141ビルは、昭和六十二年に完成。ビル名は再開発事業施行時の地区名「一番町四丁目第一地区」に由来する。建設前、一帯には古い木造の建物が密集、その中を一本の路地が南北に貫いていた。定禅寺通に面した角はクローバーという洋菓子店だった。

日本酒を運ぶのは誰なのか。三越南側にある印章店、錦章堂の佐藤耕敏《たかとし》さんを訪ね、写真を見てもらう。「これ味一番の浅野さん、若かったなー。白衣を着た人も女の人も浅野さんの店の人だね」。疑問は解けた。

「左奥の『三優』の手前が金蛇水神社で、〝近火御見舞御禮〟に『吉村』って書いてあるのが〝おちかさん〟だ」と教えてくれた。おちかさんとは、「おちかばっぱ」とも呼ばれ、この界隈で知らない人はいなかったという。「とにかく浅野さんに見てもらったら」。

味一番は三越の南角、一階にロッテリアが入るビルの地下にある中華料理店。「いつの間に撮られてたんだろう」と店主の浅野安弘さんは笑う。当時のことを尋ねると「この町内では火事とかがあると炊き出しをしたり、こんなふうにお酒を持って見舞いに行ったりが当たり前。とても隣近所の絆が強いんです」。浅野さんの家は、戦前は豆腐屋さんで、東一番丁に住んで四代目になるという。

ある年表に、四十九年二月十六日「一番町四丁目リド劇場など火災」という記述があった。リドと聞いて一人のサンドイッチマンを思い出すのは、おおむね五十歳を超えた紳士の皆さんか。体の前後に看板を付け、鐘を鳴らしながら東一番丁や中央通りを歩いていた人で「さぶちゃん」という愛称は広く知られていた。

141ビルが建つ前の一帯を「子どもの声が聞こえ、生活感あふれるいいまちだった」と佐藤さんは振り返る。防災上の課題は解決されなければならないが、合理性とか健全さだけを優先すれば、まちの魅力は薄れてしまわないだろうか。

金蛇水神社は141ビル建設の際、東一番丁の通りに面した現在地に移された。

Coca-Cola
unfory
蝶
近火御見舞
御禮
蝶
近火御見舞
御禮

昭和の五十年間、市民の足を支えた仙台市電

写真は昭和四十七年に仙台市電の車内で小野幹さんが撮影した一枚。日付は記録されていなかったが、厚手のコートを着ている人は見当たらず、全体的にやや身軽な装いは、春の初めを思わせる。

仙台市電が営業を開始したのは大正十五年（一九二六）十一月。仙台駅前と大町一丁目を結ぶ「南廻線」、それに「清水小路線」と呼ばれた東五番丁と荒町の間。運行時間は午前六時から午後十一時、運行間隔は七分から十三分だった。

昭和に入って各路線の工事は進み、南廻線は中心部を一周する循環線に、清水小路線は長町まで延伸され、さらに北仙台線や八幡町線も整備される。一方、この時期は戦時体制下で、男子車掌の採用が徐々に難しくなり、十二年から女子車掌を採用。戦況が悪化すると、職員の確保はさらに難航、女子車掌を運転手に転用することになった。

宮城野区役所前で印章店を経営する庄子喜隆さんから、仙台市電の最初の女性運転手が今も太白区長町に暮らしていると聞き、訪ねた。「私が市電の車掌になったのは戦争中の十九年九月で、翌年一月から運転手になりました。研修期間は一カ月ほどでしたかね」と話すのは加藤静香《しずか》さん。今と違い自動車は少なかったが、それでも事故がないわけではなかった。「ことに夜は周りが真っ暗。だから前のガラスに顔をくっつけるようにして注意しながら慎重に運転したもんです」。

「ついでだから」と加藤さんが紹介してくれたのが、太白区富田に住む三浦まさ子さん。彼女は加藤さんが運転手になって二カ月ほど後、車掌になった。「女性同士ということもあってか、加藤さんと同じ電車に乗務することが多かった」と振り返る。しかし終戦後の九月、進駐米兵による不祥事を警戒し、すべての女性乗務員が解雇されたという。

原町線が全通するのは二十三年、以後も乗客数は増え三十九年には史上最高の一日約十万人を記録した。しかし、自家用車の増加によりノロノロ運転も常態化し、利用者は減少。四十二年からはワンマン化などが進められたが経営状況は改善せず、この写真が撮られた四十七年、廃止が決定。そして五十一年三月三十一日、さまざまな思い出を残し仙台市電は五十年の歴史に終止符を打った。

「お別れ式」の日、勾当台公園付近を走る仙台市電（昭和51年３月）。

昭和五十二年、まだ多くの木造家屋があった定禅寺通界隈

ビルの屋上や航空機などから撮った写真を見るとさまざまな想いが去来する。より広く遠くまで見渡せ、記憶を刺激する情報が豊富だからだろうか。写真は昭和五十二年の定禅寺通。芽吹いたばかりの葉のすき間から、すっきりしたケヤキの樹形が見られるのは、四月中ごろか。戦後、四十六メートルに拡幅された定禅寺通は、仙台の四季を彩るイベントには欠かせない場所となった。

四月末、撮影場所となった桜ケ岡市街地住宅に足を運んだ。屋上から眺めると、写真が撮影されたころビル三階ほどの高さだったケヤキは五、六階に達するほどに成長していた。

五十二年当時、勾当台公園付近では黒っぽい仙台第二合同庁舎が、ひときわの高さを誇っていた。しかし、周囲に高層ビルが増えた現在、特に目立つ存在ではなくなっている。その南側、白っぽい建物は、平成二十三年三月で営業を終了したホテル仙台プラザ。閉館予定日直前に大震災に見舞われたが、きっと最後の客を送り出すまで、上質なサービスを提供し続けたはずだ。

「昭和の三、四十年代、定禅寺通はもちろん勾当台公園も西公園も、子どもだった私の遊び場でした」と話すのは、この近所で生まれ育った草刈恵《え》佐《さ》雄《お》さん。自宅から「西公園に行って、公会堂の辺りから崖を降り、広瀬川での魚取りはとても楽しかった」と振り返る。

二つの大きな公園に挟まれた定禅寺通は約七百メートル。今、通りに面した部分に木造家屋は一軒も見当たらない。しかし、この写真の時期、両側の建物は勾当台の交差点から離れるに従い、徐々に高さを減らし、西公園近くには多くの木造家屋があった。

写真の中央、横断歩道から少し先の北側に三階建てほどの倉庫のような建物がある。仙台観光が経営していたキャバレー「タイガー」で、目を凝らせば屋根の上に看板が見える。体育館のような広い店内では、一体何百人のホステスさんが働いていたのだろう。このキャバレーと東隣にあった市営バス駐車場の跡地は「せんだいメディアテーク」となった。

振り返れば昭和五十二年は仙台市制施行八十八年という節目の年だった。藩政期の名残をとどめる城下町から、戦災を乗り越え、東北の中心都市へ飛躍する転換期だったかもしれない。

大きく育ったケヤキは、あっという間に葉を茂らせ、道路を覆い隠してしまう。

棚田や山林が目立った、四十年ほど前の国見地区

手前には整然と区画された住宅地。広い敷地に大きな建物が数棟並ぶのは学校だろう。それを挟む二本の道路は、やがて一筋になり山の方へ向かう。撮影は昭和四十年代だという。

住宅地周辺に棚田が広がるこの地形、国見小学校付近ではと写真と地図を見比べた。間違いなかった。手前は八幡住宅で、小学校の裏手、木々が生い茂る一画は寿徳寺だ。間の通りは半子町《はんこまち》（現・子平町）と旧宮城町芋沢を結ぶ「芋沢街道」。

八幡住宅の南側に「鈴虫荘」と呼ばれた住宅地がある。現在の住所は国見二・三丁目で、公園や周囲のアパートにその名が残る。近所の人に以前の様子を伺うと「上の早坂さんが詳しいのでは」と教えてくれた。

目指すお宅は国見スイミングクラブの上、国見四丁目にあった。「この辺り昔は仙台市じゃなく荒巻村、住所は『大《おお》ヘタ』で住んでたのはうちだけ」と話すのは早坂善吉《ぜんきち》さん。「ほとんどが田んぼや谷地で、大崎八幡の森まで見通せたんです」。八幡住宅は昭和十年代後半、当時の住宅営団が早坂さんちの農地を買収して造成。建設戸数は十七年に百戸、終戦後の二十年に二百戸だった。

鈴虫荘という名称の由来を伺うと「今の公園の辺りにスズムシがたくさんいて、祖父が名付けたと聞いています」。早坂さんはスズムシ捕りの思い出も話してくれた。「草に止まっているのをコップをかぶせて捕るんですが大事なのはひげ。傷めると鳴かなくなっちゃう」。何匹かいれば、鳴き声で眠れないほどだったと振り返る。

国見小学校から北西の山中、そこだけポッカリ開けた住宅地が見える。市内北西部では早い三十年代に開発された「半子町恵通苑」、現在の貝ケ森一丁目だ。

「一番近いバス停は半子町、仙山線の踏切を渡り二十分ほど歩かなければなりませんでした」と話すのは四十五年から暮らす女性。「舗装されてない山道ですから、雨が降るとドロドロ。長靴は必需品」。水にも苦労する。「簡易水道だったせいか鉄分が多く、まだ小さかった子どもが、よくおなかをこわしました」。

五十年代に恵通苑の周囲は貝ケ森住宅地として開発され、五十六年には仙山線と立体交差する新しい道路が整備される。近くに東北福祉大前駅が開業したのは平成十九年だった。

かつて半子町恵通苑の住民が渡った仙山線の芋沢街道踏切。今は歩行者専用となっている。

歴史あるお店が連なる
サザエさんのまち、荒町

仙台には藩政期から伝わる町名が三百ほどあった。しかし昭和四、五十年代にその多くが消えていった。五十四年夏、小野幹さんは市内の歴史ある町名が残るまちを撮り歩いた。拡幅工事中の上杉山通、区画整理前の東八番丁や二十人町など。この写真も、そのとき撮影した荒町、毘沙門堂参道の東側だ。

道路の拡幅工事を妨げるようにせり出した木造の二階屋。屋根には大きな看板、軒下にはのれん、店の前には一台の自転車。古い住宅地図を見ると「そば竹乃庵」とあった。同じ名のそば屋さんが今も、もう少し東にあったはずと思い訪ねてみた。

「父が荒町でそば屋を始めたのは大正十五年。私は昭和の最後まで写真の店で商売をしてました」と話すのはご主人の高橋稔さん。その後は中倉に店を構え、現在の南鍛冶町店を開いたのは平成の初めだという。

そば屋さんと聞いて、曲芸的な出前の姿を想像するのは、高齢者の域に入った世代だけだろうか。店の前の自転車は出前用ではと伺うと「ええ、これに乗りお盆を肩に荒町を走り回ってました。多い場合は三、四段重ね、一度に二十人前以上運んだこともありますね。今は警察が黙ってないでしょう」と笑う。

平成十三年になると、左隣の振興相互銀行荒町支店と竹乃庵を合わせた土地に、宮城文化服装専門学校の校舎が建つ。「荒町には、自分たちのまちの良さを知ってもらおうと、新しいことにチャレンジする人がたくさんいるんです」とその魅力を話すのは同校創立者の飯岡絹子先生。三十二年五月、木造校舎と四十五人の生徒で開校して以来五十数年、この荒町で教育に携わってきた。

竹乃庵右隣の「おかや筆墨本舗」は、今も店構えは変わらない。同じ町内で筆や硯《すずり》などを扱うもう一軒の専門店「西川玉林堂」を訪ねた。ご主人は「うちがここに店を構えたのは明治二十年。それ以前は新伝馬町《しんてんまち》などにいたようですが、まあ創業百二十年かな」と控え目だ。そして藩政時代から連坊小路や三百人町などで続けられた仙台の筆づくり、書の道具に関することも教えてくれた。

二十年ほど前、若い女性に荒町のイメージを尋ねたら『サザエさんのまち』という答えだった。彼女にとり荒町のような商店街は、アニメの世界にしかなかったのかもしれない。

銀行と竹乃庵の跡地には、宮城文化服装専門学校の校舎が建つ。

互銀行荒町支店
30

戦後六十余年、駅前の青葉通には仙台ホテルがあった

どこまでも続いてそうな広場のような道。周囲の建物は低く空も広い。道行く人は皆、意に介するものは何もないといったふうに歩いている。

この場所がどこなのか、手掛かりは左端の建物にあった。入口のような場所の上の「SENDAI　HOTEL」という文字。そう、かつて仙台ホテルがあった仙台駅前の青葉通だ。小野幹さんは、昭和二十八年ごろと記憶していた。

仙台ホテルは幕末の嘉永三年（一八五〇）国分町で大泉旅館として創業。明治二十年、上野と仙台を結ぶ鉄道が開通した際、駅前に支店を開設、やがて仙台を代表するホテルとなる。同三十八年、石川啄木が土井晩翠夫人から、詐欺まがいの手口で十五円ほど巻き上げた際に滞在したのは国分町の大泉旅館と伝わる。

青葉通（仙台駅川内線）の建設は、戦災復興事業の柱だったが、最初に舗装されたのは中央部分のみ。両側の未舗装部分は強風時には砂じんが舞い上がり、雨降ればぬかるみ、すこぶる評判が悪かった。やがて第七回国民体育大会を前にした二十五年末ごろから、駅前付近では初めての街路樹、シダレヤナギやハギ、コノテカシワ、サツキなどが植えられた。

「昔、青葉通の丸光デパート（現・さくら野百貨店）並びに空き地があって、駅前商店会の青年部は、毎年、七夕まつり期間中そこを借り休憩所を開設してました」と話すのは仙台駅前商栄会会長の梅津理昭《まさあき》さん。昭和五年、旧満州（現・中国東北部）で生まれた梅津さんが父親の故郷、仙台へ引き揚げてきたのは二十二年夏。初めて目にした仙台は「見渡す限り焼け野原」だった。

二十五年、梅津さんは伯父さんが東五番丁と南町通の角で営んでいた雑貨店を書店にする。朝七時に店を開け夜は十一時ごろまで営業した。「駅前という場所柄、結構遅い時間まで人通りがありましたから」。そして「ラジオでディキシーランドジャズを聴いていたもんだから、よく進駐軍の兵士が話し込んでいったなあ」と振り返る。もちろん、チョコレートやチューインガムをもらったことも何度かあったという。

仙台ホテルは平成二十一年暮れ、百六十年近い歴史に終止符を打った。青葉通の街路樹は、約六十年を経て、見事なケヤキ並木となった。

かつて仙台ホテルがあった場所は、新しい商業施設となった。

SENDAI HOTEL
強力メタボリン

昭和五十四年秋、定禅寺通に最初の彫刻「夏の思い出」が設置された

ジャズフェスや光のページェントの会場となる定禅寺通。その中央緑地には三体の彫刻がある。東からエミリオ・グレコの「夏の思い出」、県民会館前はジャコモ・マンズーの「オデュッセウス」、市民会館前はヴェナンツオ・クロチェッティの「水浴の女」。いずれもイタリアの彫刻家の作品だ。

写真は昭和五十四年十月、「夏の思い出」の除幕式。彫刻の右は、平成二十三年三月に亡くなった彫刻家の佐藤忠良氏。当時の新聞によれば、宮城学院女子大グリークラブのコーラスが式典に花を添えたという。

街路や公園などに彫刻を設置し、文化の薫るまちをつくろうという事業は、仙台市制八十八周年を記念して五十二年にスタート。第一作は佐藤忠良の「緑の風」で、「夏の思い出」は三作目だった。

事業で重視されたのは都市空間と彫刻の調和。「設置場所にふさわしい作家を委員会で選考し、依頼を受けた作家が現場を見て制作することを基本にしました」と話すのは緑地部長として事業に関わった八川透さん。これが後に現地オーダーメードの「仙台方式」と呼ばれるようになった。

今でこそ日本全国どこでも彫刻やオブジェは珍しくなくなった。しかし明治維新前、日本人が目にする彫刻のほとんどが仏像だった。その後、歴史上の著名人、郷土の偉人などを顕彰する目的で銅像が建てられるようになる。私たちが仏像以外の彫刻を見るようになって、まだ百年ほどしか経っていないことになる。

彫刻の洗浄とガイドをするボランティア団体があると聞いた。「設置された彫刻は、半永久的にその場にあるわけです。市民の財産を、市民の手で保護し活用できることがあるのでは」と話すのは「彫刻のあるまちづくり応援隊」の村上道子さん。

屋外彫刻は、ほこりや鳥のふん、クモの巣などで汚れるという。特に定禅寺通では自動車の排気ガスによる汚れがひどく「ひと拭きするだけで、ぞうきんが真っ黒になるんです」。

この事業では、彫刻一体の制作費が三千万円ほどだった。文化的事業の費用対効果を測ることは難しい。ただ設置から三十年という時を経た定禅寺通のブロンズ像は、四季それぞれの景観にとけ込み、なくてはならないものになっている。

高さ2.3mとそう大きくはないが、定禅寺通には欠かせないものとなった。

女優の南田洋子が東一番丁の「ひらつか」にやって来た

写真は昭和三十八年十一月、東一番丁と青葉通の角にあったパンと洋菓子の店「ひらつか」が催したイベント『日活女優〝南田洋子〟ごあいさつとサインの会』で撮影された一枚。白っぽいコート姿の男性の右側に立つ南田さんの笑顔がまぶしい。

ひらつかは大正九年、塩釜で創業。「藻潮糖《もしおとう》」という菓子を塩釜神社に納める和菓子屋だった。東一番丁に店を構えたのは戦後間もない二十四年。当時、仙台に駐留していた米軍人とその家族を相手とする食料品店となる。しかし、仙台での商売が軌道に乗った二十五年、朝鮮戦争が勃発《ぼっぱつ》。顧客だった米兵は前線に送られ、家族はアメリカへ引き揚げる。

そんな折、米軍キャンプで使われていた製パン機の払い下げを受け、パンの製造を始める。この機械、小麦を入れると約四百五十グラムのパンを自動で焼き上げ、スライスし包装までする、当時は飛び切りのスグレモノ。全国から見学者が訪れ「平塚のスライス食パン」は飛ぶような売れ行きだった。しかし三十六年の正月、突然の火災で店を焼失する。

「日銀の消防団が飛び出していったんですよ」とこのときの様子を話すのは大町、日本銀行仙台支店東隣の大竹園茶舗の大竹信子《のぶこ》さん。延焼を心配し、家財道具を大竹さんの店まで避難させた人もいたという。「お正月の火事だったからハッキリ覚えているんです」。

四階建ての新店舗が完成したのは三十七年。一階がパンと洋菓子売り場、地下はレストラン、二階は喫茶室という構成だった。その一年後、このイベントが開かれたわけだが、ギャラをめぐる後日談があった。

最初に電話でマネージャーとギャラ交渉したところ「片手で」と言われる。そして「自分は付いていけないので、直接本人に渡して」と。当日、南田さんに五万円を渡すと丁寧に受け取ってくれた。後日、マネージャーから電話があり「スターの南田に五万円はないでしょう。片手と言ったら五十万円ですよ」と言われる。五万円で済んだのか、追加の支払いがあったのか。

パンと洋菓子で、ひらつかは仙台市民に新しい食文化を紹介してきた。さらには著名料理人による中国料理や、現在のブームに先駆けたイタリア料理の提供も。そのひらつかが店を閉じたのは平成十三年だった。

クラックス北側の老舗印章店「イガラシ」は、大震災後の三月末に店を畳んでしまった。

ひら一つかビル開店一周年記念
日活女優
"南田洋子"
ごあいさつとサインの会
とき 11月8日 金
ところ ひら一つか全店
3階 ---- ミーティングルーム
2〃 ---- パーラー喫茶
1〃 ---- 洋菓子売店
地〃 ---- レストラン
イガラシ
東一番

広瀬川がつくった段丘のまちを

弧を描いて進む東北新幹線

広瀬川の河岸段丘の上に開かれた仙台の地形を納得させる今回の写真。昭和六十一年、あすと長町の東、郡山一丁目のマンションから撮られた。左端に見えるのが広瀬川に架かる鉄橋で、正面奥、二つのいドームを載せているのは榴岡公園隣にある仙台第3合同庁舎だ。

在来線と並行する新幹線の高架は、大きな弧を描いて仙台の中心部へ続く。こんな大きなカーブは、仙台駅北側にもあるが、鉄道にとっては大きなマイナス。このルートになったのは明治時代の市民の意向があった。

明治十九年、当時の日本鉄道が公表した仙台停車場（駅）予定地は「宮城郡南目《みなみのめ》村薬師堂北裏」（現在の県営宮城球場付近）。これを知った仙台市民（当時は区民）は、市街地に近い場所への設置を求め、請願を行った。結果、東六番丁つまり現在地に変更され、翌二十年十二月、仙台駅が開業した。

時代は下がって昭和五十七年、東北新幹線が開業。沿線には工事の際につくられた側道がある。その場所はかつてどうだったのか、どのように変わったのか、河原町で聞いた。

「この辺りは東北本線に沿い住宅が建ち並んでいました。それが二十五メートルほどの幅で買収され、高架や側道がつくられました」と話すのは、二十年代から河原町二丁目で暮らす島澤昭さん。

それまで袋小路の途中だった島澤さん宅は、工事の後、側道から車の出入りがしやすくなり、防災面の安全性も向上した。ただ、多くの移転者の明暗はさまざまだったろう。

「いつごろだったか、向かいの家で映画のロケをしたことがありました」と島澤さんの奥さんが思い出してくれた。話を聞くと、今村昌平監督が昭和の三十八、九年に撮った「赤い殺意」のようだ。

仙台駅と長町で思い出すのは、宮城野原近くから仙台一高の東、八軒小路を通り広瀬橋へと続く「長町《ながまち》通《どおり》」。日清戦争の際、長町の停車場から出征するため、榴岡の歩兵第四連隊の兵士たちが、この道を歩いたことから名付けられたという。

大震災後しばらく、広瀬川に架かる鉄橋と小田原の高架上に、新幹線の列車が放置される状態が続いた。これが撤去され、運行が再開されたことは、一鉄道路線の復旧という以上に大きな意味があったはずだ。

南東部から眺めると、仙台のまちは広瀬川に向かって傾斜していることがよく分かる。

昭和四十年正月、県庁前広場で豪快な「書」のパフォーマンス

「これ知り合いの書道家で末永雲《うん》学《がく》さん」と小野幹さんが出してきた今回の写真。大きな筆を手に、はかま姿で立つ痩躯《そうく》の男性。足元の紙にはダイナミックな墨痕が躍る。「昭和四十年ごろの正月だったかな」。

背後には、かつての宮城県庁。奥の二階建ては二十三年に建てられた宮城県図書館。その先、建築中のビルは仙台市役所だ。市役所の着工は三十九年三月で、完成は四十年十一月だから、小野さんの記憶で間違いなかった。

四十数年も前に、こんな豪快なパフォーマンスをやってのけた書道家が仙台にいたのは驚きだ。一体、雲学さんは、どんな人だったのだろう。

「この方は宮城野書人会の所属でしたから、そちらで聞けば」と教えてくれたのは、荒町にある書道用品専門店、西川玉林堂のご主人。「この大きな筆、多分わらを束ねたものでしょう。これだけ大きな作品になると墨汁も一斗以上使ったのでは」と推測する。

「このとき私も立ち合っていたんです」と話すのは今野深泉《しんせん》さん。宮城野書人会副会長の今野さんにとり、雲学さんは師にあたるという。「紙の大きさは二十五メートル四方以上あったかもしれませんね。普通の書道半紙では筆の重さで破れてしまいますから、模造紙を何百枚も貼り合わせて。その作業で三日ぐらいかかったかな」。

雲学さんは大正七年、古川（現・大崎市）の生まれ。本名は大七郎。「写真のような作品のほか、朱液で書いたり暗闇の中で書いたり、あるいは前衛的な『墨象《ぼくしょう》』など、さまざまな挑戦をした人でした」と足跡を語ってくれた。「お酒が好きで、私もよく一緒に飲みに行ったもんです。国分町辺りの飲食店で頼まれて、何軒か看板の文字も書いていたようです」。五十八年、数々のエピソードを残し六十五歳で亡くなったという。

惜しまれるのは、旧宮城県庁だ。昭和六年の竣工で、レンガ風スクラッチタイル仕上げの外観は、味わいがあった。設計は早稲田大学に建築科を創設した佐藤功一《こういち》。明治十一年、栃木県で生まれ、第二高等学校に入学、青春時代を仙台で過ごした。重要文化財となった大隈記念講堂をはじめ昭和初期の多くの建築設計に携わったという。旧宮城県庁は昭和六十一年解体された。

かつて図書館のあった場所には議会棟が建ち、仙台市役所はほとんど見えない。

戦前に建てられた市立病院が東二番丁にあったころ

　交通量の多い道路や交差点で、横断歩道橋が目立っていたのはいつごろまでだったろう。写真は東二番丁、歩道橋を渡った先に見えるのは仙台市立病院。左奥が広瀬通方向で、右手前に仙台商工会議所がある。雪が降った後なのか、歩道と中央分離帯付近にはまだ少し残っている。

　病院の南側はかつての仙台中央警察署。同署がここに建てられたのは昭和四十五年三月で、市立病院があったのは五十五年まで。この写真は、その十年間に撮られたのだろう。

　市立病院がこの場所に開設されたのは戦前の昭和五年で、建物は仙台地方裁判所（明治九年築）を改築した木造二階建て。診療科は内科と外科、眼科、職員は五名の医師と九名の看護婦、それに薬剤師など総勢二十二名だったという。

　この鉄筋コンクリート五階建てが完成したのは十四年。二十年七月の空襲では大きな被害を受けたが、二十二年には一応の復旧工事を終え、さらに幾度かの増改築が施された。やがて建物の老朽化と環境の悪化で、五十五年七月、清水小路に移転した。

「ほとんどの病室は十人部屋で、床もコンクリート打ちっ放しのような状態、今とは雲泥の差」と旧市立病院の思い出を話してくれたのは副院長で看護部長も兼務する庭山綾子さん。「冷房もありませんから夏には扇風機や団扇《うちわ》が活躍してましたね」。庭山さんが市立病院に入ったのは四十九年。ちょうどこの写真が撮られたころか。

「毎年、一月一日には開院記念日の式典があり、職員は正装で出席したものです。入院患者さんたちにもお赤飯が振る舞われて」。また運動会が中庭で開かれるなど、職員相互の親睦を図る行事は盛んだった。勢い周辺の飲食店の人たちと親しくなることも多かったという。

　ところでこの歩道橋はいつまであったのか。完成は四十一年十二月、河北新報は「これで安心、国道横断」という見出しを付け、完工式の様子を紹介していた。「交通戦争」という言葉が広く知られた時期だ。国土交通省東北地方整備局に撤去時期を問い合わせると「六十三年ごろでは」という回答だった。

　建築から三十年を超えた現在の市立病院は、耐震性の問題や設備の老朽化などにより、平成二十六年、あすと長町に移転する。

市立病院の跡地には昭和60年、21階建ての第一生命タワービルディングが建てられた。

市立病院前歩道橋
50
福島 81
白石 48
4

戦災復興のシンボルとして
新時代を予感させた青葉通

「僕が仙台に来たのは、昭和二十四年の九月です。（中略）そのころ仙台の人口は二十七万人ですね。ちょうど青葉通を造っている最中です」。作家の井上ひさし氏が、平成二十一年、仙台文学館のイベントで、仙台の思い出をこんなふうに振り返っている。

写真は四十二年の青葉通、東三番丁の交差点付近。道の両側に植えられたケヤキはまだ低く、グリーンベルトのそれは、さらにか細い。突き当たりの稜線は青葉山だ。

高い建物がまばらな中、ひと際目立つのは「富士銀行」の看板を掲げたビル。ここが東二番丁との交差点だ。青葉通を挟んで建設中のビルは四十三年に完成した長銀ビル。「噴水がある白いビル」と親しまれ、多くの市民が待ち合わせに利用した。しかし所有する銀行が平成十年に破綻。ビル名は変わり噴水も既にない。

その手前、東二番丁を挟んだ東側には現在、七十七銀行本店が建つ。「この辺りに新伝馬町《しんてんまち》で繊維製品の卸小売りをやってた馬渕さんの住まいがあったはず」と教えてくれる人がいた。承応《じょうおう》元年（一六五二）の創業で、生地や手芸、洋裁用品の専門店として知られる「マブチ」だ。

かつての青葉通の様子が聞ければと卸町の本社を訪ねた。「そこは伯母の家で、私が住んでたわけではないんです」と話すのは会長の馬渕康平《こうへい》さん。「でも市長の岡崎さん、若いころ伯母の家に下宿してたんです」。岡崎さんとは、仙台の戦災復興事業に力を尽くした岡崎栄松《えいまつ》氏。関東大震災後、東京では昭和通や靖国通が造られた。「そのころ岡崎さんは東京市に勤めてました。そんな経験があったから、戦後の仙台で青葉通とか東二番丁を造れたのかもしれませんね」。

右側の板塀が立つ場所には五十年、読売仙台ビルが完成しダイエー仙台店が出店。「いつも七夕のようだったのが、ダイエーが出来て客足がかなり遠のいた」という話を壱弐参《いろは》横丁の飲食店主から聞いたことがある。馬渕さんの店も商品を一新する決断を迫られる。ダイエーの開店は、仙台の商業地図を大きく塗り替えた。

姿を現したころの青葉通は、ほこりっぽく、すこぶる評判が悪かったという。それでも五十メートル幅の道路は、新しい時代の到来を予感させたのだと思う。

40数年を経て、街路樹は青葉通を覆い尽くすほどに成長し、両側はビルで埋め尽くされた。

銀行

参考資料

「仙臺市史」（仙臺市史編纂委員會昭和26～31年）
「仙台市史続編第一巻」（仙台市史続編編纂委員会）
「仙台市史」（仙台市史編さん委員会平成6～23年）
「仙台市政だより　昭和35年7月1日～54年10月15日号」（仙台市広報課）
「仙台市戦災復興誌」（仙台市開発局）
「戦災復興余話」（仙台市開発局）
「仙台市交通事業50年史」（仙台市交通局）
「仙台市ガス事業75年史」（仙台市ガス局）
「仙台市立病院五十五年のあゆみ」（仙台市立病院）
「仙台市立病院開院70周年記念誌～生命輝く明日へ～」（仙台市立病院）
「辻標」（仙台市教育委員会）
「仙台の文学散歩」（仙台市教育委員会）
「城下町仙台を歩く　歴史的町名ハンドブック」（仙台市）
「仙台の並木」（仙台市公園緑地協会）
「住居表示町名対照簿」（仙台市）
「仙台市彫刻のあるまちづくり」（仙台市）
「アルセン　vol．72」（仙台市市民文化事業団）
「河北新報　昭和28年8月4日～54年10月23日」（河北新報社）
「宮城県百科事典」（河北新報社）
「わが道～宮城の企業人たち」（河北新報社）
「続わが道　宮城の企業人たち」（河北新報社）
「仙台塩竈精密案内地誌１９５５年版１９６３年版」（仙台新報社）
「仙台市大鑑１９６４年版」（東北地図出版）
「ゼンリンの住宅地図　仙台市北部１９７６版」（日本住宅地図出版）
「営繕事業50年史」（建設省東北地方建設局）
「みやぎの国道をゆく」（野村和正）
「気象月表原簿昭和28年8月」（仙台管区気象台）
「さよなら昭和の殿堂」（宮城県総務部県庁舎建設室）
「宮城県の土木史～県制１００年記念」（宮城県土木部、宮城県建設協会）
「東北歴史資料館　研究紀要　第22巻」（東北歴史資料館）
「宮城県労働運動史１」（宮城県労働組合評議会）
「杜の都仙台市の街路樹」（八巻芳夫）
「仙台地名考」（菊地勝之助）
「仙台事物起原考」（菊地勝之助）
「重訂　宮城県郷土史年表」（菊地勝之助）
「続宮城県郷土史年表」（田村昭）

「青葉の散歩手帖」（木村孝文）
「宮城野の散歩手帖」（木村孝文）
「若林の散歩手帖」（木村孝文）
「八木山物語」（石澤友隆）
「番丁詳伝」（番丁詳伝編集委員会）
「あきんどの町～おおまちに至るまでの４００年」（おおまち商店街振興組合）
「あれから50年　戦争と丸光」（今泉清）
「藤崎１７０年のあゆみ」（藤崎）
「風雪三十年」（一番町四丁目商店街振興組合）
「仙台のしにせ」（仙台商工会議所）
「仙台老舗百店史」（ユーモアアドバイス社）
「企業と人」（東京興信所東北総局）
「後藤江陽の八十有余年」（江陽グランドホテル）
「東北電力20年のあゆみ」（東北電力）
「わが心の仙台駅前史」（仙台駅前商店街振興組合）
「仙台駅百年史」（ＪＲ東日本仙台駅）
「仙台鉄道管理局40年史」（仙台鉄道管理局）
「名掛丁東名会～きのうきょうあした～」（名掛丁東名会青年部）
「東七、八番丁史」（東七、八番丁史実行委員会）
「杜の都の路面電車」（庄子喜隆）
「原町本通り」（宮城野区地元学講座編集委員会）
「暮らしにとけこんでいた仙石線の音風景」（地元学の会）
「50年のあゆみ」（追廻住宅親和会）
「長町駅」（菅原保則）
「長町駅前商友会創立40周年記念誌」（長町駅前商友会）
「ふるさと七郷」（タスデザイン室）
「杜の都仙台国見物語1～6」（仙台国見おたから研究会）
「むかしの写真集　閖上」（ゆりあげざっこ写友会）
「七ヶ浜町観光ガイドブック」（七ヶ浜町）
「『おくのほそ道』と仙台」（金沢規雄）
「藤村全集　第十巻」（筑摩書房）
「仙台映画大全集」（今野平版印刷）
「仙台七夕まつり歴代ポスター大全集」（イーピー　風の時編集部）
「仙台圏分譲地と住宅の案内」（フルタプランニング編）
「CLIP（DENTSU広告景気年表）」（電通）

あとがき

　昨年の秋、あるイベントで数十年ぶりに「亜炭」を燃やす機会がありました。その亜炭から仙台市民の記憶に残る昭和三、四十年代の風景を振り返ってみます。亜炭は質の悪い石炭のようなものですが、ガスや石油が普及する前、多くの家庭で風呂たきに使われていました。そのため夕暮れどきになると、煙とともに独特の臭いが、まち全体に立ち込めます。

　同じころ仙台駅前の丸光デパートからは、午前と昼と夕方「荒城の月」が大音量で流れていました。人口が現在の半分ほどで、藩政期の城下とそう変わらない市全域に、そのメロディーは響き渡っていました。

　多くの人たちが通勤や通学で利用していたのは、中心部を循環し、さらに四方へ線路を延ばしていた市電です。今思えばノロノロという感じの走りでしたが、それが時代にふさわしいスピードだったような気がします。

　住環境の面では、まだ下水道は普及しておらずトイレの水洗化が進む前。各家庭のし尿回収の主役は近郊の農家の人たちです。運ぶのは馬車や牛車ですから、路上に馬糞が落ちているのも珍しいことではありませんでした。

　本稿は『仙台の記憶』や『40年前の仙台』と同様、仙台発の月刊誌「りらく」に平成十九年十二月から二十四年三月まで連載した原稿がベースになっています。連載中の二十三年三月、東日本大震災が発生、仙台の沿岸部の蒲生や荒浜などは、地域が消滅するほどの被害がありました。

　それから約半年が経過すると、復旧・復興の拠点となった仙台ではホテルや飲食店、それにデパートなどの業界が活気づきます。土木や建築など、復興に関連する企業の仙台支店は体制を拡充したと聞いています。沿岸部からの転入者などもいて仙台市の人口は増え、不動産価格は高騰。全部まとめて「復興景気」ということなのでしょうが、東北の中で仙台だけが焼け太り状態に見えたのは私だけでしょうか。

この三年ほどで住宅などの建て替えが一気に進みました。少し古くて使いにくそうだけれど味がある。そんな建物が、これまでの足跡を顧みる間もなく、続々と解体されていったように思います。このことで街の記憶、あるいは暮らしの記憶が失われることはないのでしょうか。この先仙台のまちは、どのように変わっていくのでしょう。

掲載した写真は小野幹さんが昭和二十年代から仙台市内で撮影したものです。ただ47ページの一枚だけは高橋こうけんさんが撮影した写真を使わせていただきました。戦災からの復興を成し遂げようとする時期の息づかい、昭和という時代の雰囲気など感じていただけると思います。

最後になりますが、突然の取材にも快く応じていただいた皆さま、ありがとうございます。月刊誌「りらく」前編集長の浅井さん、編集担当の真木さん、連載中はお世話になりました。出版に際して無明舎出版の安倍さんには多大なご迷惑をおかけしてしまいました。感謝いたします。

平成二十六年五月

日下　信

プロフィール

小野　幹（おの　みき）
1931年、岩手県藤沢町生まれ。アサヒカメラ年度賞最高作家賞をはじめ、写真展での入賞多数。東北の人々の暮らし、自然を長年にわたり撮影、現在に至る。仙台市在住。著書に『彩四季』（東北電力）『わらしこの昭和』『東北のアルバム』（河出書房新社）など。

日下　信（くさか　まこと）
1951年、仙台市生まれ。広告制作プロダクション勤務を経てフリーライターに。公共団体・教育機関などの広報誌や記念誌の制作に携わってきた。市民の視点から仙台の景観を考え、暮らしの足跡を記録する活動などに取り組んいる。共著に『写真帖 仙台の記憶』『写真帖　40年前の仙台』（無明舎出版）。

写真帖　追憶の仙台

発行日　2014年6月10日　初版発行
定　価　本体1800円+税
写真　小野　幹／文章　日下　信
発行者　安倍　甲
発行所　無明舎出版
秋田市広面字川崎112－1
電話（018）832-5680　FAX（018）832-5137
印刷所　シナノ
製本所　シナノ

ISBN978－4－89544－579－5
※万一落丁、乱丁の場合はお取り替えいたします。

【本体1800円＋税】

写真帖

仙台の記憶

一〇〇万都市の原風景

文・仙台都市生活誌研究会
写真・小野幹／高橋こうけん

無明舎出版

【本体1800円＋税】